幸福的 雪域

～我的西藏原味生活～

宅男

睜大你的眼睛，拉開你的耳朵，敞開心胸～微笑吧！

嶄新、活潑的西藏世界之旅即將啟程囉！

目錄 ད་ཀར་ཆག

推薦序　宗薩仁波切　6

推薦序　堪布彭措朗加　9

自首序：錯走西藏的第一步？　11

前言：前往西藏之前的一張照片與一句問題　14

序篇：啟程西藏！

第 1 話◆踏上《西藏生死書》的故鄉──談本書的故事背景：宗薩寺　19

第 2 話◆歡迎來到吉卡若的世界──談這裡緩慢的生活步調　33

第 3 話◆老黑堪布──談本書又黑又兇的主人翁：堪布才旦　41

正篇：雪域窗內

第 4 話◆反恐 24 小時──談學院超嚴格的作息　53

第 5 話◆喇嘛 72 變──談你應該要認識一下的喇嘛造型與身分　63

第 6 話◆德格王打光頭──談剃度了也還會長出來的三千煩惱絲　75

第 7 話◆二坪雙人大宅房──談學院只有三步大小的迷你宿舍　85

第 8 話◆可樂配糌粑──談這裡的不開心農場　95

第 9 話◆喇嘛您為何這樣激動？──談超尷尬的喇嘛如廁之道　105

第 10 話◆無期屠心的教育──談學院可以終生留級的開放教育　115

第 11 話◆辯經殺很大！──談喇嘛不讓你睡的高潮事：辯經　123

第 12 話◆滿院盡帶ＭＰＳ４３──談心有餘而力不足的科技衝突　　**131**

第 13 話◆活佛也怕的鐵棒喇嘛──談打是慈悲、罵是智慧的體罰教育　　**139**

第 14 話◆那一夜．老黑門口的地獄──談我與堪布之間的飆淚衝突事　　**147**

後篇：雪域窗外

第 15 話◆草原上的 NATURE HIGH！──談不插電的戶外休閒生活　　**159**

第 16 話◆阿爸與阿媽──談以孝傳家的親情文化　　**167**

第 17 話◆隨遇而安的西藏醫生──談宗薩藏醫院與文化重病　　**173**

第 18 話◆工巧妹妹洗冤記──談五缺一的五明文化　　**181**

第 19 話◆容易誤會的西藏肢體語言──談你應該了解一下的五指喻、摸頂與碰頭禮　　**189**

第 20 話◆2012．西藏環保救地球──談地上為何沒有佛菩薩的環保問題　　**199**

第 21 話◆藏族送禮指南──談內行人才知道的送禮心得　　**207**

第 22 話◆樂在無名──談西藏人的無名精神　　**215**

第 23 話◆雪中的紅楓葉──談季節與一把可以吹響生死無常的集結號　　**225**

第 24 話◆佛經裡始終找不到的字──談老黑堪布到底有沒有最終話　　**235**

後記與感謝　**249**

推薦序 宗薩仁波切

　　最終，由於我們是誰遠比我們擁有什麼更重要，所以人類長久以來一直稱頌並珍愛那些以卓越的智慧、知識著稱者，因而學問淵博的人總是備受尊崇。數世紀以來滋養著知名學者努力成果的著名學府，如印度的塔克西拉（Takshila）與那爛陀、中國的北京與清華、英國的牛津與劍橋，當然還有美國的哈佛與耶魯，由於栽培出許多對我們生活做出深遠貢獻的大思想家與領袖人物，而持續受到尊重。

　　儘管四川宗薩寺地處邊陲，並不廣為西藏以外的地區所熟知；然而，綜觀過去數十年來，與該寺廟、附屬學院及禪修中心有密切關聯的世俗或宗教領域的偉大學者、醫藥專才、治療師與領袖們的記述，顯然地，宗薩寺被認為堪與這個時代的卓越學習中心相比擬。在寺院的院牆內，單單是著述編纂的書籍，如果沒有數千冊，也有數百冊，主題涵括心理學、心智科學、醫藥，當然還有靈性書籍。對於那可能被認為是外來的、過時的文化，宗薩寺是一處文化續存的避難所；不僅如此，也多虧當地居民與寺院成員的韌性與勇氣，宗薩寺已證明自己的確是一個弘揚智慧傳承的偉大中心。

　　就如同我們今日緬懷百年前在宗薩寺生活、工作的學者與大師們之遺芳，如果百年後，接下去的世代敬重懷念那些目前正努力延續這獨特傳承的人，我也毫不驚訝。然而，當極端的物質主義價值觀與急功近利充斥著多數人的心靈時，即使是像宗薩寺這樣一個非凡的地方，也需要某種引介。這就是為什麼我相當高興原人寫下這本書，我相信它將會為所有閱讀此書的人開啟了解之門，而對此卓越之地及其文化與人的認識，將有利於現代世界中求知慾日增、節奏快速的人，特別是在中國。

宗薩欽哲諾布

莫斯科　克里姆林宮前

2010 年 7 月 15 日

（英中翻譯：欽哲基金會翻譯小組）

德格宗薩寺欽哲宮二樓窗口

堪布彭措朗加於宗薩寺後山漫遊。（照片由根加提供）

推薦序　堪布彭措朗加

我們這些居住在地球上的人類，文化類型和生活方式千差萬別。

其中一部分人過著先進的生活，他們享受著種種工業化、機械化的稀有電器、衣著和身體之享樂。從表面上看來，好像是非常幸福；但實際上，為了房屋、汽車和工廠等目的，他們欠著巨債，每天還要承擔沉重的稅賦，根本沒有辦法擺脫這種壓力。

而在藏地宗薩這樣的地方，人們根本不可能有類似的享受，甚至連做夢都夢不到！從表面上看來，這的確是一種痛苦；可是在他們的內心，卻並沒有種種壓力之痛苦；思想上也因為心向佛法，而過著非常安詳的生活。這種情況是那些發達地方的人們所難以理解的。

現在，原人在他的書中，透過描述堪布才旦的喇嘛生活、宗薩佛學院學生的僧侶生活、周圍普通群眾的農民生活，活生生地將當地藏族人民的日常生活展示了出來。

相信這本書一定能夠幫助廣大的讀者，尤其是台灣的讀者們，對藏族人民，尤其是對宗薩寺僧眾以及當地群眾的生活方式，有更多的了解。

宗薩彭措郎加

宗薩佛學院院長

（藏中翻譯：貢絨埃薩）

9

這是降用彭措拍拍我在大雪中攝影的情況。
要拍好別人很簡單，但拍好自己卻很難。

自首序：錯走西藏的第一步？

二〇〇四年暑假，我第一次去西藏，至今雖然已經過了五、六年，但是實際上在西藏居留的時間共計僅約兩年左右——〇四年底我返台服了一年半的兵役，還是特種部隊。後面四年間，我經常往返於西藏與台灣，有時候只在西藏待兩、三個月，目前最高紀錄是一年半才返台一次，最主要的原因是我仍然很眷戀都市的生活，習性難改。

每當宗薩學院的「老黑」堪布發現我又想離開時，便常常告誡我：「在家的閨女整天老是想著出嫁，嫁人後又一直想要回娘家！」他笑我千辛萬苦地來到西藏，卻又老是想回台灣享受高科技生活；一回到台灣，覺得苦悶了，又想回西藏樂一下。如此腳踏兩條船之下，我發現自己已經陷入一種追逐夢想時的無限循環陷阱，宛如一場永無止境的旅途。這樣一坦白，好像在自打嘴巴一樣，既然在西藏和台灣生活都有一樣的難題，那我大老遠跑去西藏做什麼？

追根究底之下，我必須好好檢視當初到西藏的初衷是什麼？八年前，我剛接觸藏傳佛教時，出於好奇心而創辦了台灣第一份以喇嘛趣味生活為主的電子報「喇嘛百寶箱」，表面上雄心壯志要採訪台灣海內外各家的活佛喇嘛，以慈悲與智慧之名來傳播佛法，甚至想以此作為出社會後的工作。沒料到這自欺欺人的想法，一下子就被眼尖的師父堪布久美多杰給戳破了：「其實，你只是擔心自己不夠紅吧？你真的了解西藏嗎？你真的知道自己在做什麼嗎？」

久美堪布告訴我，與其在網路上空談十年的西藏，還不如直接去西藏住一年，一切就不說自明了！他這番話真是一語驚醒夢中人，從那之後，我就停止盲目尋師與採訪喇嘛的舉動。「喇嘛百寶箱」就這樣停刊了好幾年，讓我得以仔細思考自己真正想做的是什麼。

一年後，有點梧鼠技窮的我，在工作上陸續面臨是該選擇當美術教師，還是專業藝術家的抉擇關口。那時我得了連家人也不知情的憂鬱症，沉寂了好幾年，不再參與任何佛教或是西藏相關活動。

後來在機緣與巧合之下，遇到了一些願意出錢出力的貴人，讓我有機

11

會去西藏看看。而帶我去宗薩的人，正是宗薩寺主任的大兒子降用彭措。他告訴我關於他父親與堪布們的故事，讓我真的被感動了，想去西藏追隨他們，這些心路歷程會在稍後的「前言」中提到。當然，說服我自己去西藏的理由並不只這些，其中還有一段不為人知的重要插曲。

既然要去我最期待的夢土西藏，總要有一些說服自己或家人朋友們的正式理由吧？但是仔細想想，說菩薩的發心我沒有，說純去西藏旅遊又太膚淺了……「耶！有了！」我想到自己剛好懂一些電腦繪圖設計與電腦動畫等技術，便順水推舟地立志說：「我要把西藏佛教那些超複雜的『曼陀羅』壇城，都做成 3D 動畫版，灌頂法會也要做成 LIVE 投影圖解版——就是活佛在法座上每講解一段儀式，牆面上就秀出一段有著各國字幕的影片！甚至那些諸佛菩薩還能投影在天花板上飄來飄去！」當時我認為這是最有利於二十一世紀佛教徒的大事，於是就懷抱著這個夢想去了宗薩寺。

當時剛好巧遇宗薩仁波切難得回來寺院（礙於國籍與弘法因素，他總是每隔五、六年才可能會回來一次），我便抓準機會向仁波切報告上述那些偉大的菩薩志願，希望能在西藏好好學習，然後把佛法應用在科技上。宗薩仁波切聽了之後，客套性地略表讚嘆時，卻跟我分享了他個人的一次經驗：「關於你的計劃，之前有位歐美籍的朋友也做過類似的事，他把佛教的『八吉祥圖』做成了栩栩如生的 3D 動畫，然後我滿心歡喜地看了之後……糟了！我有好一陣子在主持灌頂法會時，滿腦子都會浮現那個動畫的版本，像惡夢一樣揮之不去。因此，如果你真心想發展這些計劃，我建議你要先好好修一修《金剛經》，徹底了解一下佛法內在與外相之間的關係。」仁波切這番話，簡直是間接地戳破了我的夢想，頓時之間讓我無地自容。

這樣一來，我來西藏的初衷已經被打破了，難道我就這樣空手而回嗎？如果就這樣灰頭土臉地回去台灣，一定會被喇嘛師父與師兄姐們恥笑的。我的師父也跟我說過：「像你這樣學外國人，只是因為要滿足好奇心而去西藏或印度、尼泊爾體驗喇嘛的生活，一定很快就會回來的！」因此，我就這樣歪打正著地來到西藏，卻又扯不下面子回去過都市生活，剛好又遇上服義務兵役的問題，不得不返台。當時的我很不甘願，好像我的西藏夢根本還沒開始就已經全劇終了。

在絕望之餘，我賭氣地跟老黑堪布交換了念珠，約定兩年後一定

這是我在西藏第一次親手做的雪人，
在洛熱老師家陽台外做的。

會再回來。當時堪布也跟我說了一番道理：「錯了第一步，不要連後面九十九步都錯下去了！你這樣回到都市裡去混，能混出什麼呢？都已經來西藏了，就留下來吧！只要你好好在西藏學習，一定會有收穫的。」這……我就這樣被宗薩的師父們收留了。從前我就一直幻想自己會不會有著像西藏密勒日巴大師一樣轟轟烈烈的傳奇故事，沒料到我的起跑點卻是如此尷尬，只好先厚臉皮地留在西藏生活，體驗看看。

　　雖然宗薩寺的主任與學院的喇嘛師父好心收留我，但是像我這樣名不正言不順的都市阿宅小孩留在這，生活上一定會遇到很多問題！為了記錄這份寶貴的經驗（也可能是出自於我愛炫難改的惡習藉口），我便在閒暇之餘，把這些後續所發生的心路歷程寫在《喇嘛百寶箱》網誌裡，後來在朋友向出版社推薦下，重新編寫成這本《幸福的雪域宅男：我的西藏原味生活》。但願我這些以失敗經驗累積而成的拙見，能拋磚引玉地帶給您一些勇氣，像我這樣庸俗之人都能去西藏追尋夢想了，您還在等什麼呢？GO！GO！GO！

原人
2010 年鬼月初／台灣斗六的火宅屋下……熱昏頭地留筆

前言： 前往西藏之前的一張照片與一句問題

在台灣第一次接觸來自宗薩寺的西藏人降用彭措時，他從自己的電腦裡秀出宗薩寺的照片，向我介紹宗薩的風光與喇嘛大師，其中有一張喇嘛照片（右圖），頓時間讓我震驚了一下：

他，圓圓尖尖的「雞蛋頭」、前額的髮際好密集……
還有……S型的眼睛看起來殺很大，
左眼皮下方中間還剛好有顆黑痣，
使黑瞳看起來像凸出來一樣！他的鼻子比成龍還大，
彪形大漢的八字鬍加上齒縫超寬的牙齒，
整個五官跟頭形看起來非常「非凡」……

聽降用彭措說：他，是宗薩學院的大堪布，四十五歲以前從沒離開過西藏，甚至連藏人一生必朝拜一次的拉薩也還沒去過。他，近二十年來只住在學院小宿舍裡，不逛街，不旅遊……。當初看到這張照片，印象十分深刻，心想：「為什麼來台灣的活佛喇嘛都比較帥一點呢？」西藏當地的喇嘛是這樣的容貌嗎？而且這還是一位西藏大博士呢！看著他的面孔，心中滿滿的疑惑集成了一幅神秘而有趣的雪域尋寶地圖，深深烙印在他臉上……

一般人接觸西藏的話題，不是旅遊、政治，就是佛教朝聖等題材。但是降用彭措向我介紹的西藏卻不是這樣的故事，他告訴我一段關於他父親，如何將已成廢墟的宗薩寺重建與恢復文化的奮鬥經歷。在一九四九年的苦難時期，他父親為了讓大家得到心靈的加持，以歷史戲劇為由，向當地政府申請表演傳統藏戲，然後跟大家東湊西湊地把跳藏戲用的面具與衣袍都做起來，最後終於正式演出了。

這個極為冒險的活動，吸引大批群眾前來觀賞。在官員眼裡是普通的歷史戲劇，事實上卻是不折不扣的西藏佛教金剛舞的加持儀式。降用彭措說他當時還很小，不明白為何那時他一抬頭，看著大人們滿臉都是「水」？後來才了解，那是鄉民們壓抑了許久的感動淚光。他父親就好像電影《美麗人生》劇中的男主角一樣，在大家最傷心的時候，冒險換

取眾人心靈信仰的喜樂。

聽到這裡,降用彭措突然問了我一句話:「你,想當個創造歷史的人嗎?」
(我當時心想:「哇?這不是只有偉人才會被問的問題嗎?」)
我直接回答說:「我?怎麼可能?我沒有什麼能力呀!」
他告訴我說:「我父親也是一位不折不扣的窮平民呀!如果你的信仰裡沒有這份奉獻的使命感,那麼你所追求的道路將不會走得遠。」

　　降用彭措這番話,完全沒有其他佛教人士勸人禮佛朝聖的常見說法(例如:我們寺院是有多少神跡顯現的聖地,有大加持的大活佛,有殊勝的功德……),因此我當時的確動心了,怎麼他所形容的西藏世界,跟我以前聽到的不一樣呢?在好奇心的驅使下,我決定買單。我第一次的西藏旅程就選擇他的故鄉,也順便去拜見那位酷似黑道版的小丸子爺爺,究竟是位怎樣的喇嘛?

　　二〇〇四年暑假,我剛好完成實習教師的工作,取得教師證,暑期後可能就得當兵了,暑假過後還得面對很多無常的未來,所以就決定去西藏看看,以了心願。雖然我根本不認識降用彭措的故鄉宗薩寺,而且也不是我熟識的喇嘛師父的寺院,但總是感到有點似曾相識的感覺。

　　二〇〇四年七月二日,我人生第一趟出國旅程就出發了……

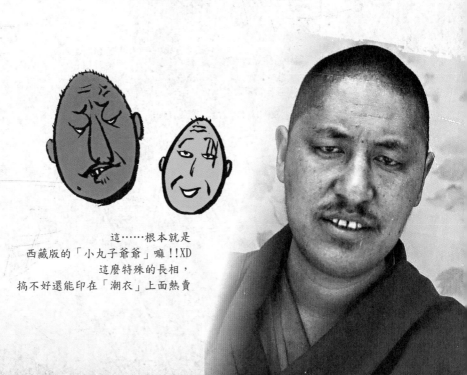

這……根本就是
西藏版的「小丸子爺爺」嘛!!XD
這麼特殊的長相,
搞不好還能印在「潮衣」上面熱賣

序篇：啓程西藏！

沒去西藏之前，
看著西藏相關的旅遊雜誌與攝影作品，
覺得西藏的天空好藍好藍！草好綠！花好紅！
感覺像是一踏上那兒，
就能讓生命的色彩飽和度鮮明起來！

結果現場並不是這樣，多半跟都市一樣灰灰的，
美麗的照片只是攝影師的濾鏡與沖洗技術的錯覺。
如果要用雙眼去體會西藏之美，
需要一點角度，需要一點等待。
何處才是最美的角度？
可能就在靜靜地品嚐一杯酥油茶之後，才能恍然。

二○○四年第一次到西藏時，
當然免不了先去拉薩的布達拉宮朝拜一下。
當我們參觀到裡面的第五世達賴喇嘛靈塔時，
牆邊坐了一位官方值班的喇嘛，靜靜地安坐在那邊念經。
當我看著金碧輝煌、以各種珠寶與加持品裝飾的靈塔，
裡面還安葬著偉大喇嘛的舍利子，多少人在朝拜這位聖者之墓呀！
心想：「這應該是西藏最偉大的加持品之一吧！甚至可以說是聖地了！」

我就問了降用彭措說：
「如果你有機會跟那位喇嘛住在這邊，每天跟靈塔為伴，你願意嗎？」
他想了一下，搖頭說：「嗯？不要！」
我問：「這裡很有加持，也有大喇嘛的保佑喔！」
他說：「就算再好、再神聖，也不是我追求的地方。」

這是我到西藏第一個聖地的第一個啟示，
也是我此行所要思索的問題。

第 1 話
踏上
《西藏生死書》
的故鄉

宗薩寺

　　您可能閱讀或者聽說過全世界各地都熱賣的名著《西藏生死書》，也可能看過知名的喇嘛導演宗薩仁波切所拍攝的電影《高山上的世界盃》與《旅行者與魔術師》，但是一定不會記得「宗薩寺」這個有點陌生的西藏寺院名，因為它幾乎從未出現在市面上熱門西藏旅遊雜誌的推薦景點中。

　　宗薩寺，依據菩馬彭措一八四六年編纂的《宗薩寺歷史》記載：「宗薩寺有一千一百年以上的歷史，最初是由苯波教大師於西元七四六年藏曆火狗年所建。」後來寺院改宗寧瑪派，而後又改為噶當派，直至一二七五年八思巴大師來到此地後，本寺便成為薩迦派寺院至今。

　　宗薩寺亦是歷代宗薩仁波切所管理的祖寺，也是《西藏生死書》作者索甲仁波切的出家寺院。雖然這兩位大師很有名，但是由於該地區旅遊開發較晚，本身也不是金碧輝煌的大寺院，再加上低調的行事作風，

所以除了宗薩仁波切的少數弟子外，極少有人知道這個地方。

您可能以為寺院本身的歷史人文乏善可陳，所以才會乏人問津。不！您可能不知道，這個寺院的第一世宗薩活佛蔣揚欽哲旺波，是西藏佛教史上首次推動利美（不分教派）運動的大師，整合了各教派的佛典資源與傳承，因此西藏各大教派的近代祖譜中，絕對少不了這位共同的祖師，這樣獨特的情況是十分罕見的。

一般人聽到西藏寺院，都會聯想到一定有活佛，但是這裡就是沒有！自從二○○五年時，寺裡一位嘎瑪活佛圓寂後，寺裡至今就再沒有活佛常住。大家一定急著問說：「耶？不是有第三世宗薩仁波切嗎？」宗薩寺並不是沒有活佛，而是目前寺院裡並沒有任何活佛常住，而宗薩仁波切與相關傳承的活佛們，多半都因為國籍的問題，只能長居海外，基本上每隔好多年才會回來一次，鄉民們的期盼遠勝於四年一次的奧運。

沒有活佛主持的寺院，誰能成為大眾的心靈依歸呢？當然還有很多喇嘛與「堪布」（堪布是藏語「佛法博士與僧眾楷模」的意思）。宗薩寺有

（左一）第一世宗薩仁波切：蔣揚欽哲旺波。
（左二）第二世宗薩仁波切蔣揚欽哲確吉羅就是索甲仁波切的啟蒙恩師。
　（中）重建時期的三位平民大堪布：
　　　　堪布才旦（左），堪布貝瑪當秋（中），堪布彭措朗加（右）。
（右一）堪布江森，宗薩寺嘎谷禪修院的住持。
（右二）嘎瑪澤仁喇嘛，宗薩寺嘎莫當蒼閉關中心禪修指導師，
　　　　中國江西蓮花寺住持。

一位堪布昂旺南加與多位定期長年閉關修行的大喇嘛，山腳下還有一座培育無數人才的大搖籃「宗薩康謝五明佛學院」，另外還有一座由堪布蔣森所主持的「嘎谷禪修院」，因此，目前就是這幾位平民起家的堪布喇嘛們成為宗薩的鎮寺活寶，因此這裡沒有活佛的光環，不會有盲信的迷思，更能直接用以身作則的風範與踏實的修行帶領大家。

一位平民用一輩子來重建寺院的風雨史

這裡雖然是由多位堪布與喇嘛們所眾志成城的地方，但其實最精采的故事，在於幕後功臣洛熱彭措先生，他就是降用彭措視為學習榜樣的父親，同時也是索甲仁波切小時候的玩伴。他只是一位平民，寺院在文革時期全毀後，他要怎樣去恢復寺院原貌？

時間回到一九八五年，當時寺廟與周邊一切文化已全毀，但是那時年紀才十來歲的他，不知是有意還是無意（他自己說是不小心記下來的），竟在之前就把寺院的種種格局、壁畫內容全部背下來。緊接著又有一位未隨活佛逃至印度的寺廟藏醫與佛法大師，在因緣際會的情況下收他為接班人。洛熱彭措為了日後能重建宗薩寺，有很多事必須偷偷去做。

第三世宗薩欽哲仁波切
不但承接了過去世的精神，
還成了目前世界上著名的
喇嘛導演與心靈大師。

他放棄生計去八蚌寺，向當時最偉大的藏族藝術家通拉則翁學習詩歌與繪畫，跟隨夏傑彭德學習天文，接著向八十歲的土登澤仁活佛學習泥塑佛像，向宗薩寺的蔣揚欽哲仁波切的傳人澤仁朗佳學習雕刻，向一位姓鄭的漢人學習木工，向藏地老人學習藏式建築做法。所有的一切都是悄悄進行的。

有一年，洛熱生了一場重病，一年不能起床，他就以重病為由，接連六年未出門。他把佛像偷偷貼在壁櫃門後，在家閉關修習佛法，膽戰心驚地修行。這六年也是他學習西藏文化的時間，他找到了古代的書，研製出蜜臘塑造銅像的獨門方法，恢復了第一世蔣揚欽哲仁波切的塑銅佛技術。他又借排戲為名，一九八二年趁機在宗薩寺的荒地上建了第一所宗教建築。

一九八三年政府批准重建宗薩寺。洛熱自告奮勇承擔規劃建設宗薩寺的工作，全程一人規劃，一人監工，一人指揮。洛熱的圖紙一開始設計是非常科學的，一百多間僧房，整齊分佈，道路寬敞，所有的大僧人平等抽籤分配。但首席老喇嘛不同意，要求按原來的家族地盤重建。洛熱心想也好，恢復原貌嘛。

二十多年間，藏民很少有人蓋房子，木工都找不到了。在洛熱的號召下，全麥宿找到一百名建築木工，大家手都生了。好，先開班，一百名木匠在洛熱主持下先開研習班，大家一點點回憶，把手藝練

宗薩寺有待恢復的大殿遺跡

熟了，老的帶小的。由於洛熱精通百工，大家都服他。一九八一年到一九八三年，一百多幢僧房拔地而起，恢復了宗薩寺。至今已建了三〇八間大小廳堂。那些日子，洛熱席不暇暖，甚至不休不眠。

洛熱又親自到更慶寺學習了一百多種壇城的做法。這木匠班也成了宗薩寺第一個手工藝班，培養了全麥宿的木匠。四十一名畢業生修建過三個大寺的大殿與僧房。洛熱總結出以每坪計算的標準建築法，全縣通行。與此同時成立的是彩繪班。而洛熱以一個農民的身分，被大夥推舉為宗薩寺管委會主任。

——摘自中國《民間》雜誌《人間喇嘛‧洛熱彭措》

就這樣，一位貧窮的草根人物重建了整座寺院，而且在他謙虛的要求下，這段跟他有關的重建歷史，未曾出現在任何官方的寺院歷史簡介或紀錄片中。這樣的善舉，不禁讓我聯想到二〇一〇年剛獲選「富比世亞太善心榜」與美國《時代雜誌》百大影響人物「英雄榜」的台灣菜販陳樹菊女士，她從十幾歲賣菜開始就捐錢濟世，至今已捐出超過千萬元。洛熱老師也是，他將自己所學的學問與財力心血，幾乎都奉獻給寺院，才得以讓這所寺院孕育出更多人才。謙虛的洛熱老師從來沒有跟人炫耀過這番偉業，他認為西藏各地都有很多這樣發心來重建寺院與文化的人，大家為雪域家

藏人看金剛舞，看的不只是佛法，
還有見證他們千年以來的民族精神。

鄉付出的心血都是一樣的。

你可能會疑慮：「他這樣由自己所蓋成的寺廟，會不會變成是自己的家廟？」當然不會，寺院的一切財產權都是屬於他的師父宗薩仁波切名下，寺院的重大建設與人士的決定，都得在越洋電話與網路通信的方式向宗薩仁波切請示，或是由三位大堪布來做裁定。寺院管理委員會主任也是由大家推選出來，當寺院經費不夠時，他還得自己出錢來供養。他從接任、連任至今，都一直無法卸任與退休，我想這是因為目前很難再找到像他能力這麼強、這樣無私的接班人吧！而他自己完全不以上師或是大學者的身分自居（西藏有很多在家身分的瑜珈師），生活樸實如平民一樣，這種事是偽裝不了的，你可以完全從當地百姓發自內心對他的敬仰中，感受到那股親切的力量。

原始而簡樸的寺廟風情

在一般人的印象中，寺院應該都在山林裡，有古色古香的建築。但是西藏多半的寺院卻不是這樣，它們依當地山勢而築，一間主要的大殿、廣場與舍利佛塔，四周蓋滿了喇嘛住的小房屋，刷上一樣的外牆色，沒有圍牆，沒有什麼道路規劃，一切就是這樣自然而成。

雖然寺院的外貌很隨興自然，內在裝潢卻相當多元富麗，但是卻沒有類似漢地寺院的知客室等香火服務處，除了一些歷史上著名的觀光景點會要求門票收費之外，其他地方都是隨緣而行。殿堂內沒有專為施主設置的光明燈，除了佛菩薩名號、佛像之外，不存在任何個人的名跡，看似複雜的壁畫、佛雕，比起漢地吵雜的香客聲，卻是世界上最祥和的地方之一。

宗薩寺和其他寺院比起來，沒那麼金碧輝煌，大殿中至今只供奉一尊釋迦牟尼佛像。在山下的學院裡，自二十年前重建後一直到二○○八年，才總算有了兩尊佛像。這和寺主宗薩仁波切的理念相同，外在的建築相當無常，蓋太好遲早也會被毀壞；但是如果把這些錢用在培育佛門人才，卻是任誰也無法阻斷的資產，所以外在的建築與裝潢只要基本夠用就好。宗薩寺沒有活佛的光環，也不需靠仁波切的名氣來招生，二十幾年來，

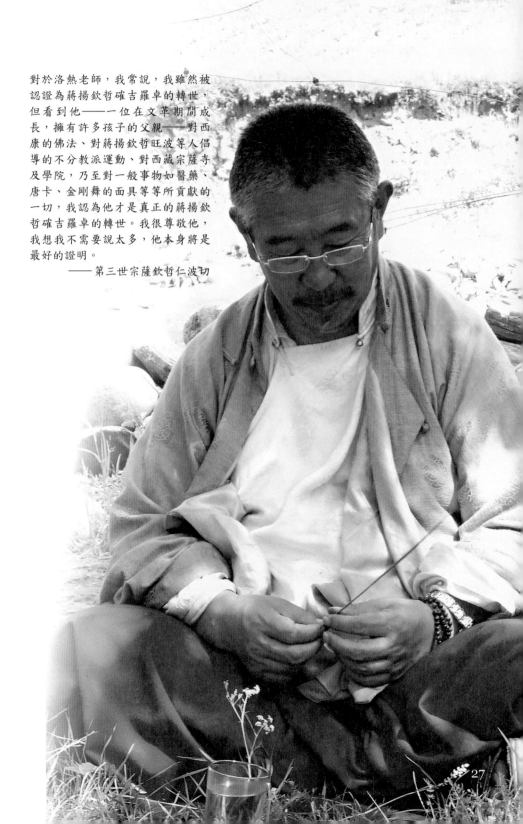

對於洛熱老師，我常說，我雖然被
認證為蔣揚欽哲確吉羅卓的轉世，
但看到他——一位在文革期間成
長，擁有許多孩子的父親——對西
康的佛法、對蔣揚欽哲旺波等人倡
導的不分教派運動、對西藏宗薩寺
及學院，乃至對一般事物如醫藥、
唐卡、金剛舞的面具等等所貢獻的
一切，我認為他才是真正的蔣揚欽
哲確吉羅卓的轉世。我很尊敬他，
我想我不需要說太多，他本身將是
最好的證明。
　　——第三世宗薩欽哲仁波切

27

洛熱老師相當熱情好客且和藹可親，
外地來的朋友常常會情不自禁地稱呼他「阿爸」。
然後洛熱阿爸也會很熱情地用大嗓門說聲：
「你好！扎西得樂！」他常常會帶大家到後山走走。
西藏很多地方是沒有路的，但對洛熱老師而言，
能走得到的地方就是路，
能坐下來的地方就是最美的淨土

宗薩寺的周邊有著許多菩薩大師們曾住過、加持過的神山、聖湖，
都是未開發過的原始祕境，全部朝禮一圈得花上十幾天的時間。

四、五百人擠在一間小小的殿堂裡，讓他們甘願擁擠的是知足，讓他們歡喜克難的是常樂。

　　宗薩寺像是一扇美麗的窗，跟絕大部分的西藏古老寺院一樣，可以窺見許許多多罕為人知的神湖、聖地、祕境美景。但是至今為止，除了少數兩三處之外，其他地方我都只去過一次。並非是風景不美，或是缺乏神話傳說，真正讓我留戀佇足的對象是這裡的人文風情。

　　雖然外面世界的人可能都是先聽過《西藏生死書》，進而才認識到宗薩寺；但是你可能沒想到，宗薩寺當地可能有九成八的人不知道《西藏生死書》，甚至連索甲仁波切是誰都遺忘了，但是他們一定不會忘記書裡的靈魂人物——歷代的宗薩欽哲仁波切所帶給大家的生死智慧，縱使第三世的轉世活佛相隔多年才會歸來一次，這裡仍舊依教奉行。

　　我的第一次雪域之行就獻給了這塊土地，他們說：「你不是過客，而是迷路的孩子回家了。」（……哼！這麼老梗的話也敢說，Try me！）

從宗薩寺左方望去的鳥瞰圖

31

西藏人問你：「你飯還要吃嗎？」
你說：「嗯哼！」（你心想是還要吃）……然後你的碗就被收走了！

藏族「嗯哼」這個語氣詞，和台灣、中國與歐美國家的意思相反，
我們默認為「是」、「沒錯」的意思，
但是這種表達方式在西藏卻是相反的：是「不要、不好」的意思。
千萬要記得這個字，不然一路上誤會就多了。

「加巴梭」這個藏語，
常常是藏人教遊客或背包客的第一句藏話。
你一定會問：「請問吃飯怎麼講？」
藏人通常都會竊竊私笑地回答：「加巴梭！」

原來，「加巴梭」就是請吃大便的意思。
而且他們還很妙，會直接在有自動語音播報功能的電子計算機上按「+84」，
電子語音會一直自動念著「+84+84+84……」（加巴梭加巴梭加巴梭……）
這時候，你就可以回他一句：「吉卡若！」（切！無聊！）

第 2 話

歡迎來到

吉卡若的世界

高山症並非是西藏最難適應的事……

前往西藏的旅途並沒有想像中夢幻，
漫長且顛簸的路程讓你精神疲乏。到
了目的地並不代表惡夢就此結束，因
為當地的時間、空間與生活觀念，根
本就是截然不同的世界……

到西藏旅遊要帶什麼藥品、吃的、穿的，都不是問題，重點在於先了解他們的生活態度與規則，以免在你還沒享受美麗的西藏之前，就已經被滿腦子的「為什麼？」給打傷了腦筋。他們對近與遠、長與短、快與慢、優與劣等等，都有不同的標準。究竟是他們怪了些？還是我們快了些？在出發前，請務必調整好自己的心理時鐘！

「遠得要命王國」

很多人曾為了電影《史瑞克》第二集裡面 KUSO「遠得要命王國」（In a Kingdom Far Far Away）的內容而會心一笑過，其實那樣的地方，並不是童話，在西藏處處都是。

台灣人習慣了捷運與高鐵的極速生活之後，對時間的態度已經不同。但是到中國就不一樣了，縱使已經慢慢有飛機與高鐵，但是由於里程數超大，一個省到一個省也得耗上 N 小時的時間，台灣從北到南的距離，可能僅是這裡一個鄉鎮之間的距離。西藏各地藏族自治區裡，除了如拉薩與青海幾處首都有飛機外，其他都是公路，往返每個小小鄉鎮之間的時間，相當於坐電聯車南北環島；而且常是荒郊野外、懸崖險道，一旦遇上路障，可能還要等上一天的救援過程，所以，上車前請自備好可以打發時間的東西。

等你到了目的地之後，會發現，藏人對遠近的標準也完全不同。你問說：「某某人去哪了？」他們回答：「在『渣痛』（草原）那邊」，或是在後山上，實際上這是指幾公里外的山溝。除了縣城之外是沒有計程車的，因此，沒搞清楚這些術語之前，請不要急著去找人，會累死你的！

「等一下」可能就是「等一年」

二〇〇九年十一月七日一則新聞報導說：「英國人的耐性只剩下八分二十二秒。」受到速食文化和科技的影響，多數英國人發現自己的耐性變

這是洛熱老師家三樓客廳的時鐘，那時已經沒電了，隔了半年後才換新電池。
西藏的鐘錶通常都是參考用的，除了寺院跟學院喇嘛上課需要之外，
藏民們的生活不太需要秒針與分針，甚至不需要刻十二個鐘頭，
只需標出上午與下午兩個時段即可。

差了。最容易讓人失去耐性的是客服人員說等一下。客服人員讓英國人等上五分零四秒，他們就火了；約會遲到的時間則以十分鐘為上限。你的耐性剩下幾分鐘呢？

　　還好我被西藏人調教過了。在西藏，如果做一件事，對方回答你說：「下午再說」，是指一直到晚上十二點左右都可以算是下午（而且是爽約了也不會通知你）。「明天看看」，就是明天有機會看，但是不一定；「過幾天再說」這句話的意思是：過三天到一至三個月，都可以算是過幾天再說；「慢慢再說」這句話，就是要做的機會微乎其微的意思。所以如果你想增加耐心值，最好的方法就是來西藏住上一兩個月，因為他們可能會改寫你字典裡關於無聊、浪費與廢話的定義。

　　受過無數年禮儀文化的你，舉手投足間都很優雅，講話也十分客氣，但是這些在傳統西藏都是多餘的。他們進門前不會先敲門，沒經過你的

同意就先把東西借走，只因為他認為你是他的好朋友。但當你有難時，他會排除萬難來幫你，甚至真的從腰間「拔刀」相助也在所不辭，前提就是你別跟他講那些道理；相對的，你也得完全包容他們的任何藉口，如果你傷害他們，他們也會恨你入骨。

有一次我的房間被闖空門了，被翻箱倒櫃取走了很多東西。我氣得衝去主人家報案時，都還沒開口，他們居然主動笑著問我說：「今天有沒有感覺你的房間很亂呀？」一問之下，才知道原來我暫居的房間有幾箱他們的東西，他們派人去拿，只好一箱一箱翻著找了。我聽了氣急敗壞，他們卻笑臉迎人，真是讓我哭笑不得，因為他們並沒有惡意。西藏人不過生日，但是他們卻很樂意跟你這位好兄弟同年同月同日死。他們是黑道，是全身曬得黑黑的那種黑道。除了喇嘛之外，很多藏人的教育程度並不高，因此，他們不懂什麼深奧的意義，但是他們心清如雪，義重如山。

吉卡若（ཅི་ཁ་རོག）的標準

「吉卡若」是康巴藏語，也是堪布才旦的口頭禪，有點類似台灣的「切！無聊！」那種不屑一顧的口語。堪布看到有人在看電視、在玩、在聊亂七八糟的事、在浪費時間，一定會罵這句話；對他而言，學生不用功學習、做其他事，通通都是吉卡若的！這句話也成了洛熱老師的鐵棒名言，當地任何喇嘛在他面前根本不敢玩樂。

洛熱老師的女兒扎西拉姆（右）與兄弟姐妹們正悠閒地待在家門口和大家閒聊。洛熱老師為了方便接待外賓，所以就直接把新家設在宗薩寺的入口處（車輛可以抵達的地方），但是外觀就是普通的藏房，入口處也是小小的巷道，完全沒有一般觀光寺院的喧囂感。

當地的藏人們正在對神山頂禮。
雖然他們不見得能講經說法,但是整個藏區在佛教文化的薰陶之下,
對於生活的各種觀念與習慣都跟外面都市大不相同。

當然，當地藏人也常愛把這句話掛在嘴邊。當他們無法理解那東西有什麼樂趣時，就會不屑一顧，因此，如果你到了西藏，光聽這句話，就可以判斷出對方對你的評價。我們認為很美妙的事物，可能會被他們視如糞土。

　　例如，冰淇淋或冰棒，在漢地或是歐美應該是老少咸宜的零食，但是在藏區卻是小娃娃才吃的，大人吃了會被笑，只有在很熱很熱的時候，大人才會勉強吃上一根。而你認為很炫的遊戲或是歌舞電影，甚至是很可愛的卡通公仔收藏品，傳統藏人看不懂有什麼特別之處；有些藏人看藏族唱歌跳舞的節目，成本與製作方式都很粗糙，好像台灣第四台最後面幾台的地方卡拉OK台：歌手在唱歌，背景風景一直換，這種影片他們也能看上一整天；但如果你把電視轉到他們看不懂的談話性節目或是娛樂節目，出現某某大明星，都會遭到冷眼看待。所以到藏區的第一件事，就是不要跟他們搶電視看。

　　傳統的老藏人對吉卡若的定義比較嚴格些，較趨近於出家人的生活。對他們而言，看電視節目、唱歌跳舞、打牌，都是浪費時間的事，不如多念佛、去轉轉佛塔、或是搖搖手上的轉經輪，所以當你處在有中老年人的場所時，應盡量避免嬉鬧玩樂，這會讓他們有輕浮的感覺。

　　對他們而言，轉山朝聖的路上，坐在路邊草地上，看著高山野花，喝上一口茶，就是世界上最美妙的事；或是安安靜靜的坐在床座上，看看經書，在我們眼裡看似很無聊、很虛度時間的發呆事，對他們就是最充實心靈的事。他們對浪費時間的定義不同，不會沒事找事忙著做。

活佛喇嘛做的任何事都不是吉卡若？

　　一般藏人的生活很單純，但是對待喇嘛的文化上卻複雜多了。

　　用餐時間到了，明明看到上菜了，主人卻說你不能先吃，要先給喇嘛吃過一輪後，你才能吃。喇嘛在藏人心中地位崇高，所以在口語上有對喇嘛使用的「敬語」，類似你變成了「您」，吃東西為「請享用美食」，去小便要說成「如廁去」……。

　　只要有喇嘛的身分，無論年紀大小，都是你要尊讓的對象。有時候你

會覺得不過就是個不懂事的小喇嘛，爲何要禮讓他呢？如果你不具備西藏佛教信仰，會比較難接受這樣的差別待遇，你會覺得這些保守的規矩才是吉卡若。

西藏佛教歷史上因爲有著無數個瘋狂喇嘛的傳奇故事，如密勒日巴大師的故事，也有上師會吐弟子口水、用臭拖鞋打爆弟子的頭，甚至還要弟子去跳懸崖，無論如何不擇手段，都能讓弟子們當頭棒喝而成佛，因此西藏人認爲喇嘛是至高無上的，他的一言一行都可能是能讓你成佛的方法。

這理論在佛法上是沒錯的，因爲上師就是要用逆向的方式，來打破弟子對世俗的各種偏見與執著，以毒攻毒。但是這樣危險的火侯，似乎沒有太多喇嘛能掌握好，脫序的行爲很容易模仿，但是精髓卻逐漸失傳。正因爲藏人深信喇嘛們做的事都不是吉卡若，有心人士就會利用這樣的機會來滿欲。

未來隨著交通發達與科技產品的引進，不曉得純樸西藏人的價值觀是否也會隨波逐流地改變呢？信仰如果產生了盲點，喇嘛背後的目的是吉卡若？還是滿滿的慈悲心？吉卡若的定義要如何界定？公道自在人心。

第 3 話
老黑
堪布

我終於見到那位酷似小丸子爺爺的喇嘛了。
千里之行，為的只是求見一面，
這樣的代價是莫名其妙；
還是不虛此行呢？

第一次見到他，是在宗薩學院裡的一間漆黑房間內。

剛到宗薩寺不久，降用彭措帶我們這群新遊客到處參觀，宗薩學院就是其中一站。我們進到大殿旁邊的暗巷裡，摸黑上二樓，又經過一道黑黑的長廊，到了堪布的房間內，我們一群人想在門前頂禮這位大喇嘛，他卻急忙向我們作聲喊說：「哎！哎！不！不！不！不要瞌頭！快起來！」這情況讓我很熟識，因為我的師父久美堪布也常因自謙之故而這般阻止我們行瞌頭之禮。

雖然是第一次見面，我心裡卻是又開心又緊張。當我踏入門內一眼看去──「嗯？怎麼是全黑的？」他背對窗戶坐著，明明是白天，卻像月夜一般光影迷離，堪布整個身影全是黑的，完全看不清楚五官。從大伙們請教堪布種種問題的時候，可以感覺到這位老黑堪布是位相當謙虛且客氣的人，話不多，喜歡聽我們自我介紹，還常常發出短促的「呵呵呵」笑聲，這下子跟我腦海裡先入為主的凶狠形象完全不同，或許因為我們是客人，所以看不到他真實的一面。

家家戶戶供奉的喇嘛法相總是少了他

堪布的「黑」並不只是指長相很黑，還有低調到沒太多人注意到他存在的黑。他雖然是宗薩當地的三大堪布之一，但是當地似乎沒有太多人認識他。一般而言，藏族家家戶戶的牆上都會掛上很多佛像與活佛喇嘛的照片，但是經過我幾次拜訪參觀後，發現就是「三缺一」，多半只有掛上老堪布貝瑪當秋與老堪布的學生堪布彭措朗加的法相。我心想：難道老黑堪布在當地的地位只是位「Ｃ咖」的普通喇嘛嗎？

我問了洛熱老師的兒女們，他們說常私下稱呼堪布為「老黑」堪布，但是他可不簡單，因為他是目前任期最長的大堪布，只是因為行事很低調，下課沒事就待在房間裡，要不然就是在學院屋頂上散步，人站得高高遠遠的，看不清楚（也沒人敢站著跟他上下直視相望）；學院大殿裡的採光並不好，堪布的座位又剛好在最深處，一些老百姓在門口參與法會時，也是看不清他的五官；他幾乎從不上街或是去附近轉山或郊遊，所以大家對他相當陌生，「老黑」的稱號便是這樣來的。

他雖然低調，但是學院的學生人數卻是歷代堪布以來最多的，每年

這是老黑堪布房間座位窗外的景色，剛好在大經堂的旁邊，通常他只要打開窗，隨便叫喚一位路過的學生，就可以辦事，不需要親自出房門跑腿。

從外地慕名而來的情況不斷增加，又黑又那麼多人來，難不成他跟「黑洞」一樣？神秘的吸引力不禁讓我想一探究竟，便決定要進入學院來旁聽。

體驗學院生活

　　「我想進學院去體驗看看喇嘛的學生生活！」大家聽了我這要求都很驚訝。一位不懂藏語文的外地人，一下子就敢進去嚴格的學院生活？降用彭措雖然樂觀其成，但還是得先帶我去請示堪布們，看這些老大們是否同意。

　　首先先到老堪布貝瑪當秋那裡。這位老堪布很可愛，我以為他會問很深奧的佛法問題當作面試題目，他卻只問我說：「喝得習慣西藏酥油茶嗎？」「啊？嗯……應該能習慣吧！」我既納悶又覺得好笑地回答，老堪

布也笑說：「能習慣的話就進來住吧！」緊接著又轉往堪布彭措朗加與堪布才旦的住處，他們倆都各自說沒問題。或許他們覺得我只是進來體驗、玩玩幾天罷了。就這樣，我便進入學院體驗十幾天的喇嘛生活。

當然，校有校規，豈可容許遊客隨便旁聽跟課呢？雖然這所學校教的不只是佛法，還有其他如天文、曆算、詩歌等多元課程，但是畢竟這仍是以喇嘛為主的傳統學校，所以喇嘛衣服是校服，不管你是否有出家受戒成為正式出家人，只要在校區內上課一天，都必須先剃頭、換上喇嘛的衣服以入境隨俗。這對我而言，就好像電影《修女也瘋狂》裡琥碧戈柏的情況一樣，當然這又是另一段繁複的過程了，有興趣的朋友可以詳見公視「紀錄觀點」《夢・旅人》，裡頭有這段故事。

我終於入住超古老的宿舍了！但是由於我聽不懂藏語，降用彭措就幫我安排一位親戚來擔任我的臨時指導老師與翻譯。說實在的，這裡的情況跟我想像的差很多，喇嘛的生活不就該很緩慢嗎？但是這裡的作息卻讓我忙到不行，感到新奇又害怕。

由於下課時間少而短，我根本沒有多餘的時間去拜會那位老黑堪布。堪布偶爾一兩次會在自習課時，從窗口來探視我，但還是很客氣的態度，我只能透過這樣一些零星時間來了解他。

當地學生對老黑堪布的印象

課餘時間，我偷偷打聽其他藏族學生對老黑堪布的印象。

「請問他是位和藹可親的人嗎？」答案相反，學生幾乎都異口同聲的答說：「堪布很兇！我們都很怕他，連看他一眼都覺得很可怕！」我問說：「有這麼恐怖嗎？那你們為啥要來跟他學習呢？」這些喇嘛學生又突然自信滿滿地說：「因為他的書教得好唄！」甚至有喇嘛說：「他是我這輩子見過最棒的堪布了！雖然還有其他很多大堪布，但是我最喜歡他！」聽完了這些，我相信你一定也不太能接受這些學生對他又愛又怕的理由，也讓我更想去了解這位超級低調卻又聲望非凡的喇嘛，他的過去到底是怎樣？

老黑堪布的恩師就是前兩任的學院首席堪布貝瑪當秋（左一，第十任）與堪布彭措朗加（左二與右圖法座上坐者，第十一任），他雖然二十九歲才入學，但極度沉穩內斂的個性與精進求學的精神，或許是他從眾多同班高材生中後來居上、脫穎而出、被選為接班人的最大原因。

沒什麼好寫的自傳？

沒來西藏之前，我一直覺得西藏的大活佛一定都是很神奇的人物，傳記裡一定都有超自然的出生瑞相，或是有特殊能力，因此，我在想學院的大堪布應該也是一樣的情況吧？老堪布是從西藏舊政府的死牢裡活過來的，又遇到文革，有一段相當長的奮鬥史。

堪布彭措朗加是老堪布的「心子」，從十幾歲就開始跟隨在老堪布身邊學法，二十三歲就取得大堪布的頭銜，可以說是天才型的上師，智慧過人。他成為老黑的上師，而老黑的年紀卻還比他還大幾歲。

仔細想想，這位老黑堪布真是讓我納悶極了。用功的喇嘛很多，為何會選他接任如此重要的堪布首座呢？我一直追問老黑他的故事，他說他自己就是個普通喇嘛，沒什麼好寫的！

「老黑」堪布，正式的佛教藏文法名叫堪布蔣揚羅珠（意為「文殊智慧」），堪布「才旦多吉」（長壽金剛之意）是他的俗名，大家習慣以「堪布才旦」來簡稱。

他出生平民，是青海玉樹某戶牧民人家的小孩。一般藏人都是從小就出家，但他卻是十九歲時才出家，因為那時（文革後）的藏族社會裡，新一代的小孩根本不知道世界上有所謂的「喇嘛」或「出家人」，只有在極少數的藏族慶典活動中，才會看到表演用的喇嘛服飾。

中學畢業後，準備再升學時，得知宗教已經初步開放，可以當喇嘛了，

他就在青海省的玉樹多聰寺剃度出家，那年大約十九歲。隔幾年因為表現良好，當了三年的寺院管家，成為該寺大活佛信任的弟子之一。

後來他去閉關了三個月，才開始接觸佛法，第一次嘗到探討佛法的法喜，於是便請假去宗薩學院念書，陸續成為堪布貝瑪當秋與堪布彭措朗加的學生。一年、兩年、三年過去了，他還不回來，寺院發出了警告，卻依然抵擋不住他對佛法的熱愛。

直至現在，他沒料想到自己這樣一位既普通又稍有年紀的老學生，居然會被堪布彭措朗加直接命選為第十二任大堪布，可以說是大器晚成的典範。他驀然回首，年歲已近半百，還深深覺得自己只不過是一位不懂事的喇嘛。

連宗薩仁波切來了也不停課

時間回到二○○四年八月中旬，我在學院體驗生活過了一週後，得知該寺的老大——第三世宗薩仁波切要返回寺院的天大好消息！各地寺院相關的活佛、堪布、喇嘛、長老們紛紛慕名而來，宗薩寺也為仁波切安排了一系列的參觀與弘法行程，每天都是人山人海，只為了見到宗薩仁波切一面。

學院只安排了一天的辯經觀摩活動，與可以加持學生開智慧的文殊菩薩灌頂法會，除此之外，學校沒有因此停課，想請假向仁波切求法的學生需自行請事假。在這段熱鬧的期間，老黑堪布卻沒有請人代課過。其他地方相關傳承的寺院、學院的活佛大堪布們，幾乎都會請假前來求法，天天都圍繞在仁波切身邊。一想到這，我還真是搞不懂這位老黑堪布在想什麼？這麼難得的機會，讓學校停課幾天，或是請人代課幾天，又有什麼損失呢？

同時，因為老黑堪布得知我再過幾天就要離開宗薩回台灣了，便把我找過去幫忙做事，要我幫他備份一堆藏文佛典資料，用一台只有幾倍數的龜速 CD 燒錄機來燒錄（當時的電腦硬體條件還是 Win98 的時代）。我就是這樣被迫陪老黑堪布留在學院裡，不能去拜見宗薩仁波切。

我趁機問他為何不去找宗薩仁波切，他說：「沒什麼，我的工作就

堪布才旦正在督導學生們的辯經情況。十年前他剛上任時，因為沒啥名氣，許多學生紛紛退學或轉學。但是老黑堪布對教育的熱忱是抵擋不住的，縱使他的為人再怎麼低調，至今慕名而來此學習的人數卻是當年的好幾倍。

是教書，而且那邊人山人海，我整天陪大家圍著仁波切散步、聊天，也沒意思吧？」大多數的活佛喇嘛都恨不得自己跟仁波切熟識一點，好得到更好的加持，但老黑堪布卻不這麼認為。宗薩仁波切是宗薩寺與學院的主人，而老黑堪布是這所學院的老師，做好份內的事就是對仁波切最大的供養與敬意。

重返雪域的約定

我不願意相信這短短的一個月，就是我人生西藏電影的全部片長。我不得不開始去想一些鬼點子，讓這故事還有「續集」可拍。我想到手上的一串紅珊瑚念珠，突然有了一個 IDEA！我希望能跟堪布交換念珠。堪布聽了之後，覺得我這個怪主意實在太妙了，因為從來沒有人這樣跟他要求過，他便樂觀其成。

離開宗薩前三天的中午，我和堪布約在學院屋頂上。我站到堪布面前，把手上的一串紅珊瑚念珠拿下來，跟他說：「這串念珠跟堪布交換，希望我一兩年後能有機會再回來，到時再跟您換回來。」堪布也取下自己手上的象牙念珠，說這串念珠也剛好戴兩年了，希望我戴上後，兩年內能再回來。有了這樣的約定，我不相信我會回不來！

一年半載後，我結束了台灣的義務兵役，最終還是回來了，如願以償地跟老黑堪布換回了念珠。二○○六年三月，我第二次返回宗薩後，花了半年的時間在宗薩當地社區學習藏語。學了幾個月，發現進度緩慢，因為生活步調慢，生活也比較沒辦法自律，不是用電腦，就是外出郊遊，找我修電腦、修手機的人也多。簡單的說，我的生活就是「吉卡若！吉卡若！吉卡若……」，此時我還不知道自己想做什麼，該做什麼。

於是我向堪布才旦說明了此窘況。堪布說：「只要你學會基本的藏語拼讀，就可以直接來我們的學院就讀。」我驚訝地說：「什麼？要我念學院？我才剛學藏語而已！這不會太難嗎？那是全藏語的課程耶！」

堪布說：「有很多小喇嘛也是沒念過什麼書，他們都能來住著學，為何你這位大學生不能？再說，只要你來這裡當學生，有嚴格的校規保護，就不會有外人隨便找你玩樂或是修手機，保證讓你有很多時間不得不學藏語！」當時我覺得堪布的要求有點強人所難。

同年十一月，我第二次準備離開宗薩時，還是害怕不能再回來。當年用交換念珠當作第一次約定，這招已經用過了，現在該換什麼約定呢？於是我在離開前兩天，向宗薩藏醫院要了一張「複寫紙」。我去跟堪布才旦說：「堪布！請您幫我填寫學院入學的單子！」這回堪布再度被我雷到了！我用複寫紙墊在下面複製一張，告訴他說：「一張您留著，一張我帶回台灣。」這張正式成為宗薩學院的學生證，就是我跟堪布的第二次約定：「現在我是您的正式學生了，我一定會再回來的！等我！」

這一刻，我才開始相信：當初看到那張小丸子爺爺的喇嘛照片，不是因為相貌美醜而感到納悶與驚訝，而是如見親人般的似曾相識。無庸置疑地，老黑堪布是我在西藏的第一位啟蒙恩師。

麥宿地區的海拔有三千六百多公尺，
人口僅有三、四千人，
而喇嘛人口就佔了多數。
宗薩學院就座落在宗薩寺的山腳下，
接下來所經驗的趣事都是在此發生的……

正篇

域內
雪窗

二〇〇七年六月，
我第三次重返宗薩，
履行了第二次和堪布的約定，
正式來學院當學生。

漢人到了西藏，會被藏人稱作「架」（rja）。「架」就是漢族的意思；「細架」（psi rjal）則是指漢族以外的外國人，印度、尼泊爾、不丹等少數國家因為跟藏族比較有淵源，所以另有藏文。很多藏人都知道美國，所以他們都直接念英文的音譯「阿妹利喀」。又因為藏文沒有 Fa 的音，所以「法國」念不出來，變成 Ba 音的「霸國」，發電機就念成八電機，所以美國人愛罵的 fuck，他們是學不來的。Yu 的音也念不出來，「原人」會念成炎人，聽起來有點台灣國語，備感親切。

　　話說回來，漢喇嘛因此就會被叫作架喇嘛，聽起來就像是「假喇嘛」。老外喇嘛更尷尬，變成「死假喇嘛」，真是 Orz……很多漢地法師來到西藏，誤以為藏人是在講普通話，還一直澄清說自己是「真」的喇嘛。安多語系的藏人口音更有趣，「架」那個字會念成「怪」，就成了「怪喇嘛」。你或許會以為這只是巧合的誤會，但是其實他們口中的「架」是有涵義的。

　　「架」（漢族）與「細架」（外族）在藏人觀念裡，或許都是有排他的貶義。我剛到宗薩那幾年，有很多次被人喊「架！架！架更！」（漢老頭！）學院的學長就理直氣壯的跳出來幫我喊冤，罵對方說我是有西藏名字的，不要這樣亂喊！雖然如此，他們還是習慣用一個「架」來取代你的一切。

　　因為在宗薩寺定居的漢人就兩位──我跟金巴喇嘛，因此在當地，只要是聽到「架」，一定是在指我，不然就是他。但是因為金巴較早來宗薩，所以多半的老藏人都以為我的名字也叫金巴。跟我比較熟的會叫我原人，熟一點的會叫我當地的藏名「達瓦策令」（月亮長壽）。洛熱老師比較幽默，他看我很古意、憨厚老實的胖模樣，都叫我「雍拉喇拉」，意思就是有福氣的財神喇嘛。

　　所以，如果你想證明自己在藏人朋友群裡的熟識程度，從「架」的稱謂上就可以判斷。

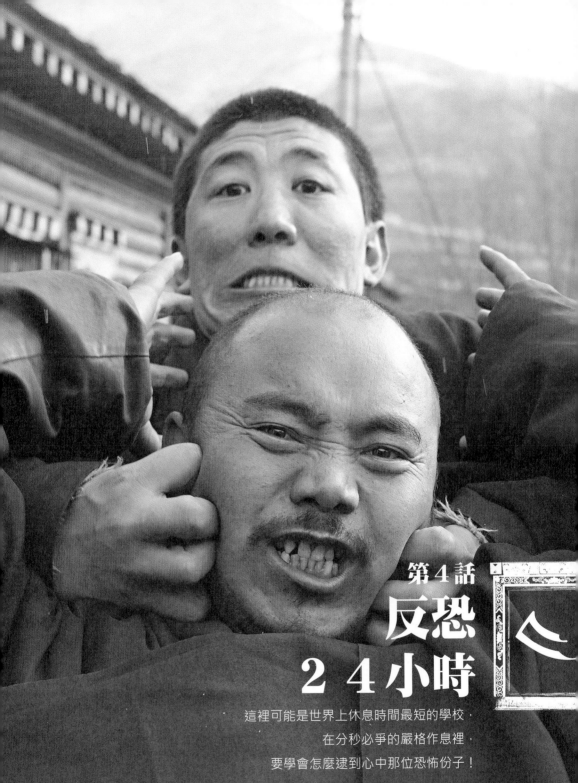

第4話
反恐
24小時

這裡可能是世界上休息時間最短的學校，
在分秒必爭的嚴格作息裡，
要學會怎麼逮到心中那位恐怖份子！

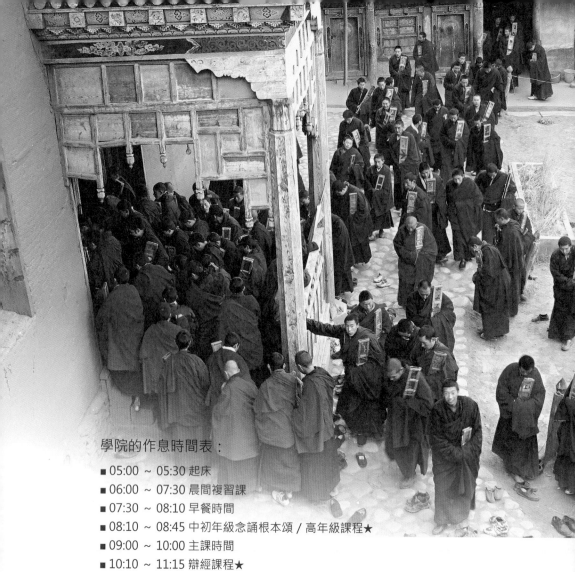

學院的作息時間表：

- 05:00 ~ 05:30 起床
- 06:00 ~ 07:30 晨間複習課
- 07:30 ~ 08:10 早餐時間
- 08:10 ~ 08:45 中初年級念誦根本頌 / 高年級課程★
- 09:00 ~ 10:00 主課時間
- 10:10 ~ 11:15 辯經課程★
- 11:15 ~ 12:15 午休時間（12:15 ~ 13:00 午餐時間）
- 13:00 ~ 15:30 午自習
- 15:45 ~ 17:00 晚課時間★
- 17:00 ~ 18:00 初級班複講時間，高級班進階課程
- 18:10 ~ 19:00 辯經課程★
- 19:00 ~ 19:30 傍晚休息時間
- 19:30 ~ 00:00 晚自習 (22:00 下課十五分鐘)
- 00:00 ~ 就寢

有標註★號者，只有該時段可請病、事假。

兩個世界——校內外落差甚大的時間觀

之前提到西藏的時間很緩慢，約定一天的事可能會拖上一個月，但是在這學院內根本就是兩個世界！一牆之隔，時間跑的速度倍數差很大，甚至比都市快上許多，常常像洗三溫暖一樣。放假時在戶外像牛一樣慢慢活動，一回到校內就得快馬加鞭，這就是當學院學生必須學的第一堂課：拿捏好分秒的速度，決定你來去自如的境界。

一般學校的規矩，通常有下課十分鐘、午餐、午休、體育、社團活動，傍晚下課後就可以自由活動了。當過兵的人可能會覺得軍營是世界上最不自由的地方，白天操課，晚上就算沒事也只能待在營舍，每週只能回家一天半。

但是你可能沒想到，西藏傳統學院的學生，有著比監獄囚犯更嚴格的生活作息。有些年輕的喇嘛待不住，但是也有很多人樂意被關進來，甚至願意一輩子住在這裡，因為他們認為這裡是世界上最快樂的地方之一。

校規很簡單，一旦發現學生有手機、電視電玩等娛樂用品，馬上沒收並現場摔毀，並將學期末獎勵金全數沒收；禁止到校外附近餐館內用餐；此外，如有傷人、惡語、造謠等事，一律退學。

二○○九年有學生因為不滿學院商店的喇嘛賣假貨（山寨劣等品），在校園內的柱子上偷偷暱名張貼紙條，要大家一起拒買學院商店的產品。雖然最後沒抓到元凶，但是後來堪布還是公開嚴禁這種八卦舉動。

平安無事就是這院子的校規，沒有學生敢冒險。像電影《高山上的世界盃》中，幾位喇嘛為了看世界盃轉播而在晚上偷跑到校外去的情況，在宗薩學院是絕對不會發生的，因為一抓到就是退學，投機的風險太高了。

學院沒有白紙黑字的假單，正課、複習課、布薩日與例行法會不可以請假，重病或重要賓客來訪除外，需要親自向住持堪布請假。除了公假外，其他形式的事假，無論長短，只要去鐵棒喇嘛那告知一聲即可，哪怕是請五分鐘假去上廁所也一樣，都要在歸假日當天的晚課期間行大約二十分鐘的瞌頭禮。

雖然沒有假單，但是請假是要收費的：辯經課程時段五元；晚課時段十元；遲到二十元，而且需在下午提早十分鐘瞌頭，並加供佛燈十盞；如果請一天以上的事假，就直接從零用錢中扣除。三年以下的低年級，每月有三十元人民幣零用錢，按照年資增加十至一百元不等，所以請一天只扣

一至五元，雖然比較划算，但損失的卻是自己的課業。雖然請假要花小錢，但是學生請假的情況還滿頻繁的，每天至少都有十幾位，從當天晚課時間的瞌頭陣容就可以一次表明。

堪布說了算──公私難分的「公假」

而我請假的情況呢？通常是附在公假的空檔裡，除了返回台灣的情況外，我從來沒請過一次私人的事假。堪布才旦說只要是宗薩相關的公事都算公假，包括寺院、學院、藏醫院等等，而且只要是宗薩大堪布們或是洛熱老師開口的任何事，無論內容是私是公，都算是公假。因為他們認為這是上師要求的事，不是私事。這樣的山寨規矩在都市裡應該很罕見吧？

通常午自習或是整個下午時間，堪布或寺方都會來找我處理電腦問題，或是設計一些東西；事情完成後，就能利用剩餘時間做一些自己的事。有時候我會陷入很尷尬的情況，常常在公假期間，卻要幫一些喇嘛修電腦，或是寺方的人找我，喊我上山去，只是為了送我一包吃的東西，根本不是做事，但是在堪布與鐵棒喇嘛眼裡又算是公假，這麼一來，公私全混淆在一起，我下午去繳費與瞌頭也怪，不瞌頭又會良心不安，所以只好在自己房內懺悔，或是事後私下去堪布面前自首。

不能討價還價的千年「鑼聲」

一聽到「噹噹噹噹～噹噹噹噹～」上下課的鐘鈴響起，是我們學生時代的共同印象之一。但是在這學院裡卻是以銅鑼為鐘，乍聽之下像鄉下賣膏藥的來了，但是敲法又不一樣。

銅鑼這類傳統樂器的共鳴聲比較自然且悠遠，下課鐘比較短，輕輕三聲，意思一下便知；但上課鐘卻很有哲學，前五至十分鐘會慢慢敲，愈靠近時間便會愈敲愈急、愈敲愈響，具有收心的作用，因此，就算整

（左圖）學院的鐵棒喇嘛或值日生正在屋頂上敲鑼，但是可不是賣膏藥那種敲打法，上課、下課與緊急集合等等的敲法雖然都不一樣，但是聽起來就是很穩重悠遠，在山上的宗薩寺上都能隱約聽見。

（右圖）學院的茶房像倉庫一樣，很黑、很破舊，有兩位老伯伯「嘎嘎」與「阿拉」在負責，每天有兩次免費供應熱水的時間，另一次在中午休息時間。此外，他們也得負責大堪布房內的茶水與炭火。

天不戴錶，也完全可以用耳朵跟上學院的作息節奏。

　　此外，如果負責敲鑼的人忘記時間，下課時間也不會延長，多忘記五分鐘，大家就少五分鐘，堪布與鐵棒喇嘛並不會責怪，這樣無理的規矩，我想應該是西藏大師們要告知大家的「無常」道理吧？要把握自己的時間，想跟時間討價還價，你我永遠都是輸家。

　　儘管現在已經有條件可以升級成電子式鐘鈴了，甚至還能播放音樂，但是藏人還是喜歡這種饒富宗教意義的銅鑼，還會再敲上幾十年、幾百年嗎？這便不可得知了。

　　一般外面的學校，通常一堂課的時間是一小時左右，縱使是兩、三堂課連上，也一定會有中場休息時間，但是這裡卻沒有。一、二年級在上九點正課之前，教室早有另外一堂高年級的課程，只要他們提早或稍晚下課了，都會影響到下一堂課的時間。

上課之後，堪布完全依照自己的進度來決定下課時間。有時候他生氣了，五分鐘就下課（但是剩下的時間都要罰背書）；有時候當天課文的內容太深奧了，補充講解到十一點半，足足有兩個半小時之久，已經快午自習了都還沒下課，中間完全不會休息，想如廁的人就自行起身向坐在門口處的鐵棒喇嘛請假。

學校只有十幾位堪布與講師，因為師資有限，所以不方便請假。其他各寺院與學院也因為距離遙遠，因此鮮少能有代課老師。那麼停課一次或改成自習課不就好了？這就跟佛教文化態度有關係了。對藏人而言，講課講到一半中斷了是壞兆頭，會有半途而廢的緣起，不只影響到自己，也會影響該班的學生，所以老師們很辛苦，寧可忍病，也不能不上課。想請長假的老師得在十天前先跟住持堪布報備預約，以便安排代課老師。

堪布才旦自己從上任至今，連續上了十幾年的課，從來沒請過一天假。光是這一點，外面很多老師應該很難做到吧？堪布說：「這些年來，我沒生過一次重病，大概是菩薩保佑吧？」西藏傳統中，教師的責任感很重，學生通常也信任他們，因為學生們在意的不是學習的時間表，而是成就智慧的進度表。

下課時間，學生提著茶壺去打熱水，雖然時間匆促，但是仍需優雅地行走。

吃飯不再是皇帝大

早上七點十五分，複習課上到一半時，經堂旁邊的茶房老伯伯就會開始敲鐵板，提醒大家打熱水的時間到了。明明自己的房間可以煮開水，為何要去打熱水呢？因為下課時間有限，又要煮茶又要吃早餐，會來不及，所以很多學生會提著茶壺去裝開水（清晨上課前先提到茶房門口地上隨便擺著），把開水提回來後，只要放進茶葉煮三分鐘就可以了。由於距離八點鐘的課程只剩下十幾分鐘，所以多半都是吃糌粑配藏茶居多，因此茶房的熱水很重要。

除此之外，學院並沒有提供餐點，一切都要自理。這還不打緊，連吃飯時間也不固定，大家通常都會在中午十二點十五分到一點鐘之間的自習時間，在房裡用餐；但是因為怕吃太飽會打瞌睡，很多學生便選擇在三點半下課之前的一小時左右才用餐。只要情況正常（不是一直吃喝了幾小時），鐵棒喇嘛都不會干預。晚餐時間也是一樣的理由，都是到十、十一點快就寢前才吃，這樣難道不會傷胃嗎？可是全校幾百人都這樣做，也沒見到因此而常請病假的人。

　　常常當我按照正常時段炒菜煮飯時，左右兩邊的鄰居還在讀書，等到他們快下課或是快就寢前才炒菜時，換我在讀書，二比一的情況下，我只好將就一下，煮比較沒聲音的麵食，或是乾脆糌粑揉一揉將就一餐。因為房子隔音效果很差，所以吃飯時間還要考慮到鄰居的習慣。但是後來隔壁鄰居南加告訴我說：「你不用擔心我們，那些炒菜聲音大家都聽習慣了，完全不會干擾人的。」

　　後來，自從三合一咖啡引進之後，他們終於不用再因為瞌睡的問題而亂了飲食時間。堪布還笑我說：「睡不睡與吃不吃都是自己的問題，我活了三、四十年，也沒有喝過咖啡呀！」「學問」與「麵包」哪個重要呢？在這院子裡，每個人心中各有不同的答案。

慢中取勝的「下課十分鐘」

　　我們的制服是喇嘛裝，但因為顧及宗教威儀，除非有迫切的要事，否則是不能在校園內奔跑的。堪布就曾這樣公開警示過學生：「只要讓我看到哪個學生慌亂地在校內外奔跑，就直接打下去！因為他不能管理好自己的時間，才會落得遲到的下場。」「持戒」是堪布故意隱藏在這十分鐘之間的兩個課題之一。

　　這樣的規矩讓下課十分鐘變得十分有挑戰性。公共廁所在校外一百公尺處，來回也要兩百公尺，光是慢慢走得花上五分鐘。有時候提早五分鐘上課了，結果走回來時還是判定為遲到；有時候跑得要命，差點跌進屎坑裡，趕到教室時卻等了半小時還沒上課。

　　學院的一天中，最長也最忙的下課時間就是十一點半辯經課程結束

59

後，有半小時之久。想要打水、買菜、上街買日用品、打公共電話、上廁所、去藏醫院看病、洗衣服、曬衣服、剃頭，還有繼續辯經的，通通都在這個時段，這是學生們一天之中最忙的時候。

　　一天只有七次左右的下課時段，老學生們很精明，會分配好想做的事，哪一次去上廁所，哪一次去找朋友，哪一次去商店買東西，哪一次去請教課業問題；特別是晚上十點鐘最後一回下課，是大家最忙的，整個校園咚咚碰碰地都是木板的腳步聲。因為時間緊迫，每次只能準備一、兩題的課業難題去請教附近的講師。一天又一天在課堂上累積無數個未解答的問題，但每天卻只有五次下課十分鐘的時間，究竟要等到何時才能清倉呢？「精進」就是堪布故意隱藏在這十分鐘之間的另一個課題。

　　此外，西藏的冬令與夏令的日照時間相差甚大，夏令時間到晚上九點才會天黑，冬令則是晚上七點天就黑了。日落直到「伸手不見五指」時就得進房的規矩，也是來自於佛經戒律，所以兩個季節的作息時間差了一、兩個小時。當然，夏季時間（大約藏曆二月中旬左右）不會讓大家等到晚上九點才進房，通常在晚上七點十五分就敲鑼；冬令時間則提早到七點，雖然只差了不到半小時，但是氣氛卻完全不同。

　　冬天天氣冷又提早天黑，感覺上晚自習時間跟隔天早上的複習課都很漫長。堪布和大部分用功的學生都比較喜歡冬令時節，一來時間長，二來戶外很冷不想出門，大家比較能收心，再加上冬天因為雪災的種種問題，容易斷電，電廠一缺零件，從都市請人來維修就要等上好幾天，大家點白色蠟燭在寒冬中苦讀的情況很有趣，很像古裝劇裡演的一樣！

學院的一年好像只有二十四小時

　　學校規定還沒超過晚上十二點鐘之前，不可以上床睡覺。光是這一點，全世界大概沒幾所公私立學校可以辦到（也不敢這樣辦）。但是一般十一點半過後，堪布與鐵棒喇嘛就不會來巡視自習情況了，因為他們知道這些時段有些學生可能在做自己的修行日課，譬如打坐或是禮佛，這些在大部分上課時段是不方便做的。如果鐵棒喇嘛這時無預警地開窗視察，學生又剛好專注在修行上，是會被嚇到的！

這照片是晚上十點下課時間拍的，學生到講師房裡蹲著請教難題。

　　我在睡覺前，總是習慣先探探窗外，看看有多少戶已經休息了。基本上十二點剛過，對面的上下整排宿舍全部都還是亮的，我總是懷疑他們是不是都開燈睡覺？兩個人一起住有個好處：一人先睡，一人晚睡，先睡的人先起床念書，然後時間到了再叫另一個起床，這樣就不用怕會有睡過頭的問題。但我是一個人睡呀！睡太少，白天又沒精神，我不是超人，短時間內沒辦法向那些二十四小時不休息的菩薩們學習。

　　聽說學院剛重建時，大家都要把當天所教的內文背下來，沒背熟就不睡覺。如果自己先睡覺，隔壁同學還在念書，這樣難免會有壓力。所以那時學生通常一天只睡兩、三個小時，真不曉得他們是怎麼熬過來的。不過這樣的風氣已經逐年消減，跟世界各地其他普通學校一樣了，一屆不如一屆，吃苦耐勞的奮鬥精神和時代所帶來的富裕物質環境成反比，是不爭的事實。

　　早上五點四十五分會敲起床鑼，只是象徵性地簡單敲三下（根本聽不清楚，我還是得設定鬧鐘），這時大門會打開，想上廁所的人才能出得去，又是另一天的開始。

　　學院的假期並不長，暑假只有一個月，寒假只有過（藏曆）春節的三天，但是多了「秋假」。原先的用意是希望讓外地來的留學生去托缽乞食，因為要過冬了，大雪封山，所以需提早準備糧食。但由於現在環境與物質條件比較好了，所以演變成形式上的假期。另外還有六月期末考前的夏嬉節，算是學生的畢業園遊會。除此之外，一年下來再加上配合寺院的活動假日，假期不到六十天。

　　暑、秋假期間，大部分學生會返鄉探親一趟，同時也準備下學期的糧

食。用功的學生會到堪布那裡請求另外開班講授短期課程，對這些學生而言，假期有沒有讓學業加分，就要看自己是否有心去活用了。

或許是學院生活太規律，讓我想起二〇〇五年當兵的日子，規律的訓練生活感覺又漫長又迅速，一個月就像眨了四次眼一樣。我跟堪布說這種時間過得很快的錯覺，他笑說：「大部分的喇嘛都有這樣的感覺！很好！」在宗薩學院的作息時間很長，半個月休假一次，而且只有半天。平常上課日，上午四堂課，下午三堂課，一下子就到晚上了。半個月放一次假，休兩次假後，一個月就過去了，一年算下來也只有二十四次左右的休假，這樣算起來，鐵棒喇嘛每次的敲鑼聲，就像是學院歲月的「秒針」，一年像只有二十四小時……

密集而充實的作息讓時間感覺變快，這是好事。堪布才旦當初要我進來學院，就是這個用意。他說在學院學習藏文三個月，遠比自己在外面學要快上十倍，我現在才深深享受到這個利益。我跟堪布說：「學院的生活真是良藥苦口，但還是免不了苦。在學院這樣不同的世界裡，累了也不可以休息，一早到晚幾乎沒辦法閒著……」堪布看我在嘮叨，感覺很有趣，彷彿嘲笑我的無知說：「好……這樣很好！」最後他隨口告訴我一句出自《薩迦格言》的話：「智者忍受短暫的痛苦而求智慧，愚者享受短暫的快樂而痛苦。」

我從小在台灣升學主義的環境下長大，總是習慣強迫給自己壓力。剛到這裡時也一樣，心中總是感覺有一顆恐慌、不安的炸彈。現在聽了堪布的話後，總算安心了許多。當然，我深信自己心裡還有許多未爆彈，等著瞧吧！

第 5 話
喇嘛
72變

宗薩的嘎谷禪修院在夏季時舉辦了西藏舞台劇，
由一名喇嘛飾演密勒日巴一角。
密勒日巴雖然是個蓬頭垢面、穿乞丐衣的閉關修行人，
卻是西藏佛教史上最家喻戶曉的心靈大師。

脫掉！脫掉！內褲脫掉！？

這……開門見山的標題出現在佛教類文章中，未免太聳動了吧？但這是真的！西藏傳統喇嘛並不會在裙內穿褲子或內褲，雖然穿上整套喇嘛服之後，呈現出穿唐裝或日本和服的穩重感，但是因為裙子裡面空蕩蕩的，有種剛洗完澡、圍著浴巾闖到馬路上，隨時會有一陣強風把裙子給掀開來的不安全感，這是一開始要克服的心理障礙。

當初我為了要進學院學習，必須先成為一位喇嘛。

在宗薩三位大堪布的指示下，我步行翻過一座山，才到達宗薩寺首席戒師堪布江森的住處（真像武俠小說的劇情）。在他與幾位喇嘛的主持下，我終於親身經歷了極古老原始的西藏佛教皈依受戒儀式。不過，我在上山之前才想到了個問題：喇嘛衣服打哪來呢？原來要自備呀！怎麼跟漢地不一樣呢？所幸降用彭措早有準備，先幫我借了一套舊的。以前我在台灣看到喇嘛時，總覺得霧裡看花，好像每個人都差不多。現在自己穿上了喇嘛服，又在藏區生活了一陣子，才慢慢認識到原來喇嘛的身分與造型是如此微妙而多元！

喇嘛不一定是出家人？

漢傳佛教徒最難理解的就是為何喇嘛可以娶妻生子，其實這真是先入為主的誤會。「喇嘛」一詞在藏文並不是「出家人」的意思，而是泛指「無上」的佛教大師，甚至可以說是成佛菩薩、活佛的代名詞，因此他們也可以是在家人的身分，差別在於在家的修行人是可以穿上喇嘛衣服的，這又是另外一個待解的誤會了。大家在寺院看到和尚時，總是會認為法師所穿的衣服應該就是標準的「袈裟」，其實並不全然如此。在早期，真正的袈裟只有三件：祖衣、七衣與五衣，合稱為「三法衣」（簡稱三衣），是佛教真正意義上的袈裟。

因此，除了三法衣之外，各區會因不同的文化與佛法傳承的差異而衍生出各種不同款式的僧衣規制，但是主要都是以過去弘傳法教的長老高僧，依律典所共同制定的標準為主。像是中國和尚所穿類似唐裝長袍

短褂與僧襪、西藏各種款式的紅黃法衣等等皆是如此，自有一定的歷史性與佛法涵義。目前僅有泰國、緬甸地區的南傳佛教比較趨近於原始規定的穿著，全身真的只用三塊布來包裹身體而已。但是他們在剃度時還得「剃眉毛」，修行時還有「刺青」（將避邪咒語與佛教經文刺在身體上以求平安）的做法，跟漢傳佛教法師頭上要「燃燙戒疤」一樣，都不算是早期佛制規矩。因此，各地所衍生的習俗都不同，彼此應該互相尊重與包容。

　　但是為什麼西藏會有在家人穿喇嘛衣服的情況呢？由於西藏過去是政教合一，不但出家人多，在家修行的人更多，再加上寺院是藏人學習文化與受教育的主要地方，喇嘛的身分變化自然也就更多元了，有些在家居士礙於某些因緣未具而不能出家，或是要淨除壽障、宣示終生修行等，由他的師父方便開許他可以穿喇嘛僧服來修行，主要差異就是在於其不行持如僧伽布薩、結夏等種種羯摩法事。漢族的居士也有「海青」與「縵衣」等類似僧衣造型的修道服，雖然這是在相關律典裡面有規定的樣式，但漢傳居士平時也只在與法會相關的活動上，才會穿著此類法衣。因此在藏地想以僧服來認定出家、在家標準是十分困難的，除非親自詢問，否則常會造成誤會。但是大家可別誤以為任何人都可隨便穿喇嘛衣服，基本上這還是代表出家人身分的服裝。

喇嘛平日身上所穿的背心紅裙裝，跟漢地法師平日所穿貌似唐裝的長袍短褂一樣。南傳、漢傳、藏傳僧服型式不一，為佛教弘傳時因各地民族文化差異而衍生不同，真正的出家三衣、袈裟等則皆有其標準款式。

如「田」字般磚格條幅紋路的袈裟，稱為
「福田衣」。此袈裟幾乎只會在正式的法
會與慶典場合中穿搭，平時只會穿那套紅
色僧服。而在海外弘法的喇嘛通常只有在
主持法會時，活佛或堪布才會穿著此類條
幅紋路的袈裟。

喇嘛到底有多少種身分呢？簡單來說，喇嘛大致上有祖古（漢人稱為活佛）、仁波切、阿闍梨、堪布、格西、阿克或扎巴、阿尼或覺姆等幾種常見的類別。「祖古」就是轉世再來且經過認證的喇嘛，有關這方面的資料很多。「仁波切」的藏語是人中之寶（至尊寶）的意思，可以是轉世再來的祖古，也可以是後天努力成就的普通喇嘛。「阿闍梨」是印度梵語（藏語叫「洛本」），藏文原意也是指超凡的佛法大師，但是通俗的意思則是指精通閉關、熟諳佛法儀軌的喇嘛或瑜伽士。以上這些都不一定全是出家人，有些也不見得會穿喇嘛衣服，這種情況有點類似基督教的牧師等在家神職人員。

在藏區的出家人，當地人不稱他們為喇嘛，男性通常稱作「阿克（阿咯）」、「扎巴」，女性出家人則稱「阿尼」、「覺姆」或「確喇」。拉薩語系或印度尊稱出家人為「咕秀（拉）」，對年長的喇嘛則稱呼為「更（拉）」（意為師長、長輩）。但是因為受到漢地與海外遊客回到藏區後誤喊的長遠影響下，現在藏人也習慣用喇嘛來指稱出家人了。

「堪布」與「格西」（格魯派專用詞）都是指精通佛法的博士，他們必須在佛教學院內學習五至十幾年以上。「堪布」一詞在格魯派（黃教）是特指「寺院住持」，所以不一定是佛學博士。一般而言，堪布與格西通常都是出家人的身分。「格西」的字面意思是「善知識」，因此可能有在家人身分的例外情況（有些是已還俗的格西），但是絕大多數還是以出家人為主。此外，關於西藏世俗裡的老師、學者與博士，在藏語裡還另有專詞，在此就不多贅述了。

那一年，喇嘛衣服是奢侈品

傳統藏區的喇嘛衣服跟在台灣常看到的不太一樣，西藏穿的都是純手工縫製的，布料與款式都不同，顏色甚至還有點花，特別是冬天的款式特多特厚，就像全身包了好幾條棉被一樣。不過宗薩寺的款式倒是滿統一的，但也都得自備，寺方並不會提供。其實，早期的喇嘛衣服並不是目前大家所看的模樣。

三十年前的西藏，他們稱之為「舊社會」，當時根本已經沒有佛教文

還記不起來嗎？這是我所整理的喇嘛身分判別簡表：

	喇嘛	活佛	仁波切	阿闍梨	堪布	格西	出家人	在家人
喇嘛		≠	≠	≠	≠	≠	≠	≠
活佛	V		V	≠	≠	≠	≠	≠
仁波切	V	≠		≠	≠	≠	≠	≠
阿闍梨	V	≠	≠		≠	≠	≠	≠
堪布	V	≠	≠	≠		≠	V	X
格西	V	≠	≠	≠	V		≠	≠
阿克扎巴阿尼覺姆	V	≠	≠	≠	≠	≠	V	X

符號 V：等於　　≠：不一定是　　　X：不是

（備註：這裡的「喇嘛」是指口語上泛稱的喇嘛，是西藏的佛法修行者，不一定得穿喇嘛服，也不一定是指藏文原意上的超凡佛法大師。）

化了，喇嘛衣服自然也就失傳了。學院重建後，老堪布貝瑪當秋上課時的第一件事就是檢查大家的服裝儀容，全班幾乎沒有人合乎標準。那時，民生所用的布只能用國家發給的「布票」來換，很多人會想辦法利用各種管道來取得布票（以物易物的方式），以換取收集稀有的喇嘛衣服布料，再慢慢加工成又長又寬、裙邊百折的華麗版喇嘛服。其他窮人們只能用黑色、灰藍色等粗布來做衣服，最後只能穿件不像樣的裙子來區分自己是喇嘛的身分；又因為捨不得穿，所以就常有「白天念經時穿喇嘛衣服，法會結束後就換回褲子、穿俗裝」的僧俗混裝怪現象。這些問題後來在老堪布的課堂上才慢慢獲得改善。

堪布才旦說自己只有兩三套喇嘛服，其中一件紅裙是他的師父堪布彭措朗加退休時送給他的，雖然已經褪色、破舊並補丁了好幾次，但他仍然捨不得丟棄。至於他身上穿的外套則是十年前返鄉處理母親的喪事時，在空檔之餘請人縫製的。在學院期間，有人送他新衣服，他通常都會轉送給比較窮苦的小老師，不然就收在衣櫃裡，等衣服破舊送補時再拿出來暫穿。

隨著物質環境的進步，喇嘛衣物店在藏區滿街都是，布料的選擇也

更加多元了。說真的，喇嘛衣服加起來還真不少套，夏裝加上冬季穿的厚衣，全部大概要兩個大行李箱才能裝得下，因此，「一襲袈裟走天涯」在現代的西藏，應該是不太可能的事。

這麼多套的喇嘛衣服，到底要多少錢呢？我曾經詢問過宗薩寺的常駐喇嘛日扎，他說冬季款喇嘛服是手工羊毛做的，至少要二、三千元人民幣以上（台幣近萬元）。年輕或沒錢的喇嘛只能先想辦法借錢買一套，否則冬季參加法會時就會冷死了（因為不能穿外套）。仔細算算，若再加上夏裝與周邊的配件，至少也得花上台幣一萬五千元左右。但是各地寺院的情況都不太相同，有些可能會由寺院或是功德主不定期出資供養僧服，但是一般寺院喇嘛還是以自備為主，因此，想在西藏過喇嘛生活，還是得先存點小錢才行。

那沒錢就不能到西藏當喇嘛嗎？其實只要你有修道的心，很多信徒與朋友們都會很樂意資助你的；但是，非得買這麼多的喇嘛衣服嗎？堪布才旦這樣說著：「你不要以為喇嘛衣服這麼多、這麼厚沒什麼用處——穿裙子蹲著可以直接上廁所，披肩可以擋雨雪或者臨時包裹東西用，在山洞裡還可以掛起來當成門簾，冬天的厚衣還可以當成枕頭、棉被與坐墊來使用。如果你一個人到山洞裡去閉關，寢具只需帶喇嘛衣服就夠用了！而且不用擔心每天穿同樣款式的衣服會被笑沒洗澡或沒錢買衣服，兩套替換就能夠穿一輩子，把以上這些功能加起來算一算，都比你買內褲、帽襪、床套與棉被來得划算！」所以，多功能的喇嘛衣服可說是隨身行住坐臥的好家當，穿上喇嘛服就能成為雪域裡的百變金剛，自由自在過著「犀利」般的生活！因此，如果你夠珍惜這一兩套衣服，一輩子就可能只需花兩三萬元，說實在的，還是比在家人終生累積下來數十萬元以上的治裝費便宜多了！

從藏區到都市的喇嘛時尚風雲

喇嘛衣服除了有以上的生活實用性之外，在造型上還有很多種變化。傳統藏區的喇嘛服有相當多隨性的混搭裝，在外地都市是不容易見到的。台灣、印度與歐美國家因為氣候比較濕熱，所以喇嘛通常都不穿紅黃背心，而改穿在藏區規定只能當內衣穿的無袖背心，並且把Ｖ字領改成了比較好

左圖這種「紅白色披肩」與「白裙」的造型，大部分是瑜伽士、咒師所穿的法衣，在家身分的喇嘛也會穿。喇嘛的背心有兩種款式，即紅紅色或是紅黃色。各傳承的藏傳寺院各有其訂定之標準，有些全寺只能穿「通紅色」的，有些則限定「紅黃色」背心只有少部分特定頭銜的喇嘛才能穿，如活佛、有學問的格西與堪布們，或是自己的師父所給予與指定的。像宗薩寺就規定一般喇嘛只能穿全紅色的背心。（照片由洛熱老師提供）

看的唐裝立領。此外，在西藏外出時一定得披上紅色披肩，但是在都市通常都會省略，或是折成小塊掛在左肩上。為了避免太花俏、太招搖，甚至會改穿一般Ｔ恤上衣，這或許是無可厚非的善巧方便吧！

　　此外，喇嘛衣服也有「紅白」款。有些教派與傳承會穿紅白色條紋的披肩或白裙，這種造型多半都是瑜伽士、咒師的造型，他們多半是在家身分的喇嘛，但是不一定會娶妻生子。這種造型除了少部分的教派與傳承之外，在傳統藏區已相當罕見，因為紅白色對比太顯眼、太高調，一般還是以穿普通紅黃色喇嘛服的情況居多。

　　西藏、印度與尼泊爾目前礙於政治因素，暫時沒有一個如同台灣佛教協會這樣比較權威的藏傳佛教協會，因此在喇嘛衣服上並沒有統一標準，以致在社會上產生如此多的誤解。某些有心人士或團體認為一些宗教醜聞案件根本就不是一般個案，他們直接認定喇嘛們不是佛教徒，為此還在車站發傳單與網站宣傳等各種管道進行毀謗誣蔑。西藏佛教是佛

左圖是在西藏會看到許多穿著縫工繁雜、長短袖混搭造型的老喇嘛，他們雖然屬於舊社會時期的喇嘛，但並不代表他們的修行不好，有時反倒有一份隨性、自在的莊嚴。

右圖是宗薩寺喇嘛的冬季款僧服。西藏冬季氣候嚴寒，喇嘛們多半都會加穿一件外套，只要顏色不要太誇張都還算是符合標準的僧服，但只能在日常生活中穿，在正式法會與典禮上是不能搭穿的，這時便會改穿比較厚的喇嘛服與羊毛毯毯做的披肩或是半月型大氅，跟穿外套一樣具有相同的保暖功用。

教歷史上的三大正統分支之一，現今的中國佛教協會、台灣與世界各地的佛教協會、佛教電視台都沒有否定過藏傳佛教；再說，如果有人認為西藏喇嘛是專搞男女關係的邪教，無疑就是公然誣蔑古今中外千千萬萬位西藏百姓，因此不用浪費寶貴時間去質疑了。那些偶發的宗教醜聞個案，純屬部分脫序的喇嘛作為，甚至可能是假喇嘛，不應由西藏全民來買單。但是目前社會上有很多假冒藏傳佛教的團體，還是必須提防點比較好。

這一年，喇嘛衣服還是奢侈品？

　　三十年後在西藏或是在都市裡弘法的喇嘛，生活條件都比較優渥了，喇嘛衣服的對他們而言，不再是捨不得穿與買不起的珍藏品。常有喇嘛們會多買幾套，在自己住處或是道場放一套，寺院寮房放一套，甚至還有好

心的功德主每年都供養全寺僧人全新的僧服，藏區街上也有各式各樣量身訂做的喇嘛服裝專門店，因此，喇嘛衣服愈來愈容易取得，自然而然地，也開始重視衣服的款式與布料品質。由於喇嘛衣裙的造型兼具宗教與民族風的特色，在世俗的表演藝術團體中相當廣泛地被改造與應用，也逐漸影響到一些文化領域的人士，他們喜歡這種有靈性又典雅的修道衣。其實不光是喇嘛衣服，漢傳佛教也發展出多元款式的居家修行服，連茶杯碗筷都有專用的，甚至還有專門設計的品牌標誌。看來，佛教已經算是一種流行時尚了吧？

無論這些宗教衣服怎麼演變，按照十年來我個人的經驗，我所認識的修行很好的法友、師兄師姐們反而是愈修愈低調，衣裝一直都很普通、簡樸。像這樣臥虎藏龍型的修行人在西藏到處可見，他們沒有劃地自限的修行範圍，而是行走於家家戶戶之間，可能在寺院角落隨便一位掃地的老先生，或是轉經繞塔的老婆婆，就是很有修行的大師。

因此，要注意你學佛到底是往「內」修？還是往「外」修？佛陀當初制定修道衣的初衷，並不是要大家以此原型來創造更多款式。其實，無論你的身分如何，穿的是出家人的三法衣也好，或者是在家人的牛仔褲也好，知足、常樂與珍惜才是讓你快樂過一生的三件衣服。

這是久美堪布當年在台灣四處弘法時所穿的背包裝，他笑說自己在台灣是最下流的堪布，沒有隨從，也沒有固定住處，四海為家，到處隨緣講法，可以說是西藏版的「犀利哥」！

有「康巴佛學泰斗」美譽的土登尼瑪活佛（任嘎仁波切）（圖中左二），就是個臥虎藏龍型的好例子。他平時穿得跟一位鄉下老農夫一樣，常常有喇嘛以為他是來打雜的工人，使喚他去幫忙打掃、打水。

這是洛熱老師的小兒子赤乃彭措的女兒恩珠拉姆，藏人偶爾喜歡把年幼的孩子打扮成紅衣喇嘛的樣子。祝福他們：無論長大後要走什麼路，心中永遠都有喇嘛的智慧身影。

感謝洛熱家的親戚
客串演出德格王。

一六七八年，西藏德格有一個叫登巴澤仁的人，
三十七歲時繼任為第十二任的德格王。（這是真人真事喔！）
他時常喬裝成乞丐離開王宮，微服出巡以體察百姓疾苦。

有一次，他到金沙江的甘透碼頭要坐船時，
彎下身正要坐下，船夫一看到他，突然就用船槳敲了他的頭。
船夫笑說：「哈！你這個『頭』很像法王登巴澤仁的頭！」
（他當時是禿頭？還是剃了光頭？無從考證。）

後來，這故事在當地流傳了兩種結局版本：
版本一、這位船夫因此受到處罰。（這是官方版的史料記載）
（後人就學漁夫，看到光頭就上演「打光頭」這齣玩笑戲碼。）

版本二、德格王沒有生氣，反而返朝後昭告天下說：
「以後誰要是剃了光頭，都可以去打他的腦袋！連我德格王也可以打！」

但是，無論哪個版本，都沒有影響這個極詭異的德格習俗，
首當其害的當然就是天天以光頭示人的喇嘛們……

第6話
德格王打光頭

什麼？喇嘛剃光頭也要被打？
不剃光頭也要被批評？

正所謂師父「剃」進門，「理髮」在個人。
究竟是藏族喇嘛的頭髮太雜亂無章？還是
漢族和尚的太光鮮整齊？分寸之間的道理
又是一門看不見的智慧。

讓德格人又愛又恨的光頭

在西藏，除了一些已經現代化的城鎮之外，極少有人以理髮爲業。一般傳統藏族男子的髮型不是留得很長，就是全部理光，女性也多半以編長髮爲主。再加上西藏人沒有天天洗澡洗頭的習慣，所以男生如果是光頭或是短髮造型，生活上就會便利、清爽許多。

當我換上喇嘛衣服，在學院生活了一個月後，何時該剃頭就是我最納悶的事，因爲在校園中一眼望去，大家的頭髮都滿長的。每次我剃完頭後，都會被同學們在頭上打一巴掌。我一直以爲這大概就像「穿新鞋要踩三下」的習俗一樣，算是藏族的一種吉祥祝福，直到後來我才知道這是「德格王打光頭」的典故。

每次他們打光頭時，會順便喊一聲：「句高特焦！」（打光頭）、「瑪爾豆！」（打酥油），或是「德格佳波尬！」（奉德格王之命令）。「嗯？打酥油？」是指光頭像一顆酥油球般光滑嗎？但……這應該跟德格王當時被船夫誤打光頭的意思不一樣吧？因此他們只是爲了滿足打光頭的樂趣而找了各種搞笑藉口，已非當時的典故意義。當然，這樣不禮貌的行爲只會發生在好友嬉鬧之間，對長輩們是不可能這樣放肆的。

德格縣的喇嘛或是一般小孩子，從小就在這樣的傳說下被打得頭好壯壯，難不成是打一次長一寸？這個習俗應該就只有流傳在德格縣，因為我後來問了很多來自其他藏區的學院學生們，他們都沒聽過這樣的傳說，也對這樣的文化感到十分詭異。大家為了躲避這種怪習俗，對於剃光頭一事避而遠之，能拖則拖，等個兩、三個月，和大家一起剃，這樣自己才不會孤零零地頂著大光頭成為眾矢之的。正因為不常動刀，所以剃頭功夫也跟著退化、失傳了。

「哇？哪裡剃的？怎麼剃得那麼好看？都沒流血嗎？是去『理髮館』給人家剃的嗎？」當藏人知道是我自己刮的光頭，都感到十分不可思議，因為很多當地人，哪怕是喇嘛，從小到大也從來沒有自己理過頭髮！這……真是和我所理解的常識有所衝突。對和尚而言，剃頭應該家常便飯之事，沒想到對他們居然這麼難！

更令我訝異的是，有一些年輕的喇嘛居然以光頭為恥，每當他們看到有人乖乖地把頭剃得很光滑時，便會摸摸自己臉上的皮膚說：「你的頭跟臉皮一樣光呢！」說完還比出小指頭，意思是鄙視你的頭髮只像灰塵渣渣那樣一丁點。但還是有不少人會比出兩手大姆指，並用藏語說：「你的頭剃得非常好看！」褒貶兩極化的評價都有，剛開始我還真有點不適應這種矛頓的怪文化。

喇嘛只留五分頭的謠言

在電影《防彈武僧》裡，有這樣一段對白：
（發哥喇嘛和男配角阿家在路口遇上了女主角阿潔）

阿家向阿潔介紹發哥說：
「他是少林寺的高僧，赤手空拳讓人死無葬身之地！」
阿潔看了發哥的平頭說：
「少林寺和尚都每天剃光頭呀？你不是少林寺和尚！」
「或許是西藏的佛門弟子？」

這段對話深深反映出大家對喇嘛的第一印象——平頭！好像西藏的和尚是不用理光頭的，一律都是留帥氣的五分頭或平頭，因為電影都是這樣演的。當然，這又是一場誤會了，不過在德格王打光頭的傳說之下，似乎有一點道理。

撇開傳說，西藏因為時常下雪，所以頭髮會適度留長以保暖。通常十一月至二、三月間是雪季，也才幾個月時間，其他季節因為我自己「以頭試寒」過，因此不會冷到頭皮發寒。但是基於保暖的效果，秋冬之際，喇嘛幾乎是不剃頭的。到了春夏，剃頭次數便會比較頻繁些。

一般中國佛教寺院的規矩是半個月就得剃一次頭，有些甚至是一週剃一次。正因為太常保持光亮了，難怪很多人在網路「知識」上發問：「請問和尚是不是剃度後就再也長不出頭髮了？」或是「和尚需要洗頭嗎？」看樣子，中國和尚頭上太光，西藏喇嘛頭髮太長，總是讓世人們拿不清標準。對此，我特地請教了堪布才旦：

我說：「您不覺得藏族喇嘛的頭髮很不整齊嗎？」

堪布：「什麼意思？」

我說：「就是有人一個月剃一次，有人三個月才剃一次，然後大家聚在一起，頭髮長長短短的，不太好看耶？」

堪布：「呵呵～我們的習慣就是這樣。」

我說：「您是這院子的老大，難道不能規定大家定期理頭髮嗎？」

堪布：「一般而言，喇嘛的頭髮長度不應超過二指（用手指去夾頭髮的長度）。按規定差不多一個月左右就該剃一次，最長是兩、三個月剃一次。如果沒人能幫你剃，可以稍晚些日子再剃。因為我們在學院念書，休息時間非常有限，因此不會太執著在頭髮上，也不會強迫大家要統一定期剃頭。只要頭髮不要留得太長，都是允許的。」

喇嘛日扎的漢地寺院剃頭趣事

已經習慣把頭髮留長再剃的西藏喇嘛，到漢地寺院留學會發生什麼事呢？宗薩寺有一位名為日扎的喇嘛，曾經在二〇〇五年時到過四川的重慶佛學院就讀文化交流班幾個月。他剛報到時，簡直重新上演了一次

《水滸傳》的魯智深出家橋段。

住持法師對他說：「你的頭髮太長，鬍子也太長，通通都要剃掉！」還沒搞清楚狀況的日扎喇嘛就被該寺的和尚帶去後院剃得一乾二淨，他回憶起當時體驗那種飛快、神準的剃刀功夫，真是嚇了一頭冷汗！

住持還規定每半個月就要剃一次，他們有專門的剃刀師傅為大家服務，他這才了解到原來漢傳和尚的戒律要求是如此嚴格。後來他回到宗薩寺後，很懷念與欣賞漢傳法師莊嚴的行儀，就按照時間定期剃頭了。那次之後，他不但克服了德格王打光頭的魔咒，也成了宗薩寺專門幫喇嘛剃頭的師父。當然，他還是不會用剃刀，只能用一般理髮器來服務大家。

經過重慶佛學院改頭換面大作戰之後的日扎喇嘛（左一），成了很莊嚴的大慧法師（他在該學院另取的法名）。

西藏喇嘛的光頭上有沒有「戒疤」呢？

　　大部分的人還搞不清楚，和尚頭上為什麼要燒戒疤？其實這大約是中國元朝時所制定的，主要是為了區別出家人與俗人的差別。另外再依據大乘佛教經典《梵網經菩薩戒本》所記載：「若不燒身臂指供養諸佛，非出家菩薩。」的例子，便慢慢地衍生出這樣的不成文規定，因此這並非是釋迦牟尼佛所制定的出家規矩。因此，除了中國出家人之外，泰國、緬甸、斯里蘭卡與西藏的僧人，皆沒有燒戒疤的規矩。在中國佛教協會也已經廢止此舉多年了，但是台灣與新加坡等地還是保有此習俗（認為這樣比較有「終生不還俗」的決心）。所以，下次碰到喇嘛時，別再盯著人家頭上看！如果你看到喇嘛頭上有戒疤，應該是中國法師到西藏留學時，換裝變成喇嘛造型的情況。

幸福的雪域宅男

學院史上首次公共剃頭服務事件

當地自從二〇〇四年底通電之後，電器用品就派上用場了。電動理髮器對喇嘛而言就是很新鮮的產品，但是市場上賣的多半都是便宜貨，用沒幾次就燒壞了，所以使用率並不高。縱使有像電動刮鬍刀一樣的理髮器，能夠自己理頭髮的人還是不多。有很多次，常有喇嘛頂著「飛機跑道」造型的頭（只有頭頂剃光了），跑來跟我求救說：「請問自己後面的頭髮要怎麼剃？」

正因為大家理髮的技術水平欠佳，新型理髮工具也無法改善這個問題。為此，我特地想出個法子——為學院設立公共理髮部。這可是該院史上首次的壯舉！電動理髮器由我負責請人購買並免費提供，但是剃頭的服務得由鐵棒喇嘛負責。堪布一開始有點質疑其可行性，最後還是決定姑且一試。

我給了鐵棒喇嘛兩組電動理髮器，說是給學院作為公用的，賣菜的鐵棒喇嘛昂賽尼瑪自願負責理髮的工作。為了推廣定期理髮，所以本項服務不收費，昂賽尼瑪還很貼心的私下縫製了一件公用的剃頭圍巾。

一開始場地本來設在學院販菜部的門口，後來因為怕剃落的大量髮絲被風吹到菜籃裡變成真正的「髮菜」，就改到對面的河邊。一開始人很多，幾乎每天中午都有二、三十位喇嘛在排隊，等於兩、三分鐘就得剃一個光頭，效果還算顯著。

電動理髮器的技術犯規風波

因為電動理髮器在刀頭上有附上〇・三、〇・六、〇・九至一・二公分四種模版，可以直接理成稍長的三分頭或是五分頭，這對大家而言簡直是一大福音，因為這樣就不用因為剃了大光頭而被打了！這種商品變成了「夢幻逸品」，成為德格王打光頭的「免疫救星」！

學院裡很多喇嘛紛紛仿效，希望能理個帥氣的五分頭。愛美的心態馬上被鐵棒喇嘛識破，規定去他那裡剃的只能剃光，不准留個半公分或一公分。這樣的門檻打退了一幫人，只有一些比較老實的喇嘛會來理髮，因為大家都想辦法自己去買一把這樣的理髮器，或是跟朋友借。正因為

左圖是鐵棒喇嘛昂賽尼瑪在下課時間幫大家剃頭。右圖裡，頭髮較短的是我的好友昂旺，較長的是南加。學院並沒有規定統一剃頭的時間，只要在合理的長度內，大家都可以按照自己的習慣來理髮。

理成五分頭或三分頭並不違法，所以堪布與鐵棒喇嘛也無可奈何。有的喇嘛很誇張（其中也包括年輕的小活佛），幾乎每週都來跟我借一次，為的就是要讓自己的頭髮保持不光也不算長的完美五分頭造型，這樣特殊的技術犯規現象不禁讓人擔憂。老黑堪布也有這樣的工具，但是他卻從來都沒用過模板一次。如此「投機取巧」的工具，真是考驗人心的利器呀！

德格王打光頭的魔咒隨時都在我們身邊

　　一位在印度敏卓林寺留學的朋友跟我分享他們的情況：基本上他們那裡的要求比較嚴謹，每月至少得任選日期剃一次（多半是在藏曆初八），因為他們的仁波切對僧眾威儀要求比較嚴格，要求大家不准使用電動理髮器理一分或三、五分頭，一律得用Ｔ型雙口剃刀剃乾淨才行。但是事實上，除了參加仁波切所主持的法會或是私下拜見仁波切的情況之外，一般喇嘛還是會喜歡照自己的習慣來理髮，長短不一，所以看來印藏兩地的情況也差不多相同。

　　很多喇嘛離開雪域，到外地弘法，縱使環境氣候條件變了，但是因為多數的喇嘛還帶有文化習性，所以不太會刻意去整理自己的頭髮，因此讓外人產生了喇嘛都留平頭或五分頭的錯覺。然而再跟佛教電視台上天天講

經說法的漢傳法師相比，他們幾乎每場節目都保持最光亮的造型，到底標準在哪呢？其實，無論是十幾天還是兩個月剃一次頭，都在佛所規定的合理範圍內，只是都市人好像比較偏愛專業、乾淨的完美形象。由於觀光旅遊業的發達，喇嘛在電視、網路等平面媒體上的曝光機率增加了，眾目睽睽之下，有些寺院便開始規定大家必須統一袈裟的顏色樣式，頭髮也要求得定期剃淨（特別是在參加大型法會前），好讓整個場面更莊嚴完美。因此，無論是德格人害怕頭髮剃太光會被打光頭，還是都市裡的法師擔心頂上不夠光亮而顯得不莊嚴，在各種不同的環境與條件下，大家對於自己的行為總是會有不同的理由。

對此，宗薩學院的院長堪布彭措朗加說得很妙：「出家人的頭髮，在剃度出家時早就沒了！管你長不長？頭髮再長都一樣是和尚！」因此，西藏喇嘛的頭髮，在合理規定的範圍內，都應順其自然。畢竟頭髮長不長、光不光，都跟修行好壞沒有直接的關係。至今要如何看待這些宗教師？他們就像是世人的一面鏡子，你喜歡整潔亮麗、多才多藝的形象，他們常常都會就如你所願，藉此方便度化你。如果你到傳統藏區來，這裡的菩薩們或許就不用耗費那麼多時間變裝來度化你，讓彼此可以更直接地心心相印。

宗薩仁波切在《近乎佛教徒》一書中提到：

「把頭剃光這個行為，是在提醒你無常這件事情。並不是說佛陀對於長頭髮敏感，然後他強加這個制度說：你要當佛教徒，就要剃光頭。所有這些儀式、這些制度，都是帶你到這個真理的辦法。」

仔細回想起西藏喇嘛頭髮的趣事，排除那些喜歡在頂上取巧的新一輩年輕喇嘛們，我還是很喜歡傳統藏人那種自然而然、有一點野性的自在感覺。洛熱老師雖然不是出家人，但是也跟喇嘛一樣乖乖地定期剃光頭。有一次他摸著已經稍長的灰黑色頭髮，還順便比出砍脖子的苦瓜鬼臉，笑著對我說：「夠盧！夠盧！」這是當地的土話，字面直譯就是「砍頭」，比中文的「剃頭」更來得直接，好像連頭帶髮一起砍了一樣！他邊剃邊感嘆：又過了一個多月了！提醒自己時光匆匆，應該精進才是。

那一刻，我才明白為何西藏人看著喇嘛師父們短而緊湊、散亂的灰黑短髮時，不會因此而不尊敬他們，因為他們那把尺不是長在頭上，而在心中。

您那憂鬱的眼神，稀虛的鬍渣，
半長不短的頭髮，神乎奇技的教法，
還有那杯濃濃的酥油茶，
都深深的迷住了我。
不過，雖然您是這樣的出色，
但是行有行規，
頭髮該理還是要理一理呀！

——改編自周星馳電影
《凌凌漆大戰金鎗客》旁白

洛熱老師戴著歪一邊的眼鏡，
做出招牌鬼臉，
花白的五分頭，
配上不加修飾的文人鬍，
依舊是大家心中最帥的西藏老「型男」。

我的百年老房間　文／堪布才旦

（這是堪布自己用中文寫的日記，我有稍微修改錯字，保留原文。）

　　這是一間將近有一百年歷史的房子，它的主要材料是木頭，房間大約是三米平方左右的大小，就位於學院大殿的西邊。這是最普通的藏族建築，看起來沒什麼特別，可是我在這裡過了十二年的生活，是我住過的房間當中最值得回憶的一間，我覺得很快樂、幸福，很幸運。雖然住了這間房子後要主持這所學院的一切，關係到數百年的命運，責任很重，不是像我這樣的人能擔當得起的，可是一切都很幸運，我改變了很多，做了很多新的規矩，從一開始只有一百六十七名學生，到現在已經有四百多位了，人人都讚嘆這所學院。

　　在這間房裡我很幸福，在這裡沒有得過重病，可以說很健康，最令人感到奇妙的一件事，就是似乎感冒不會傳染到我這裡，所以是很吉祥的宿舍。在這裡我覺得很開心，雖然見不到什麼花花綠綠的世界，經常能見到的就是數百位喇嘛，他們身上穿的是袈裟，手裡捧的是佛經和念珠，嘴裡唱的是彼此慈悲的呼喊和釋尊在佛經裡所說的祝福，根本不會看到經濟上的你輸我贏的爭論，更不會見到政治上的你死我活的搏鬥，在這樣的環境，覺得很親切、很溫暖，這也就是為何這宿舍是這麼值得描述。

　　這間小房子經歷了三個階段，第一個階段是一九一八年左右一直到一九五八年約有四十餘年，從學院的第一任大堪布賢嘎仁波切到第九任大堪布清曾仁波切，成了九位大堪布的宿舍。第二階段是五八年到八九年，學院不見了，大殿變成了糧食的糧庫，當然這期間房子也自然成了站長夫妻的宿舍。

　　第三個階段是一九八九年起至今，班禪大師在觀察康區的時候，他老人家命令他們把這房子還給學院，親筆提詞，號召大家重建佛學院，從那次它又成了學院大堪布的宿舍了。它是我這一生住過的房間裡時間最長的一間，剛過去的十一年多，如果我還住在這裡，我就一定會住這房間，它是我唯一的餐廳，我三餐都是在這裡用的。對一個講經說法的人來說，書房是不可缺少的，我自己僅有的五六百本經書和其他書都擺在這裡。對一位學院住持來說，要管理學院內外很多事，在這樣的時候，它就自然成為辦公室，大家都會來我這裡商量事情，因此這是一間多功能的宿舍。

第 7 話
二坪雙人
大宅房

這個超迷你的破宿舍，
沒有網路、沒有電視、沒有電腦、沒有電話，
但是堪布卻要我們知道天下事。

五臟俱全的「三步」套房

康謝學院的宿舍只有二坪左右。一坪是一百八十公分，兩坪大約是前後左右各走三大步的寬距，應該不比日本御宅男的房間大多少，或許像電影《哈利波特》在繼父家所住的樓梯間那麼大，可能還不及你家倉庫的角落大，最驚人的是……這房間通常要住兩個人。

在這麼迷你的小房間內，念書、煮飯、煮茶、洗臉、解便和睡覺等等全部作息，通通在此解決，無論是大活佛還是普通喇嘛，規格一律平等。不只是宗薩學院這樣，宗薩寺與禪修院，各個傳統藏區的房間幾乎都一樣。據說這是佛陀當初為出家人住房所制定的規格，西藏喇嘛都這樣住了，在家人為了敬重出家人，所以房間通常不會比他們的大。當然這指的是個人臥房，一般客廳與其他房間還是滿大的。

洛熱老師曾介紹說：藏區的建築規格和早期漢地建築規格一樣，因為是木造屋，都是以木頭樑柱的平方為一單位，即三公尺平方。三公尺大約是一般藏區樹木的標準長度，如果房間太寬了，橫跨在兩根柱子之間的一根根木頭就容易變形或是垮塌，所以一根木頭所承載的長度就成了藏房的基本單位，這樣的規矩延續了千百年。

由於是純手工蓋建，所以每間房的規格並不是特別精準。以宿舍而言，在轉角的房間可能就會大一些，可以住三個人。因此，各房間的規格都會有半公尺左右的落差，唯一公平的是天花板的老鼠一樣多。

當我開始了雪域宅男的生活

我所住的這一間宿舍，位於第二校區的正面一樓，中間樓梯下右邊的第二間，是以前一位名為金巴的台灣喇嘛所住過的房間。他離開學院到寺院服務後，這間房間就一直空下來，直到二○○四年我在此住過半個月。

二○○七年七月初的暑假期間，我準備搬進來，但是房間因為已兩、三年沒住過人了，雜物多且充滿強烈的鼠臭味，猶如鬼屋裡的恐怖倉庫一般！櫃子、地板通通要重新打掃裝修。修房子和搬家是件苦差事，通常就是考驗友情指數的時候了，所幸在宗薩寺的結拜大哥日扎喇嘛特地下山來幫我。搬行李時，我才會猛然發現自己的行李怎麼那麼多！一些書與雜物就兩、三箱了，再加上各種衣物，加起來也有兩大箱。我一邊搬一邊心想：「如果有天只能隨身帶五公斤的東西，我該帶哪些走？」那時候，我真希

（左圖）學院的宿舍完全按照古西藏傳統建築規格，皆由土石與木材蓋成。
（右圖）這是我用電腦軟體試畫的立體圖，簡單勾勒出宿舍的基本立體圖。

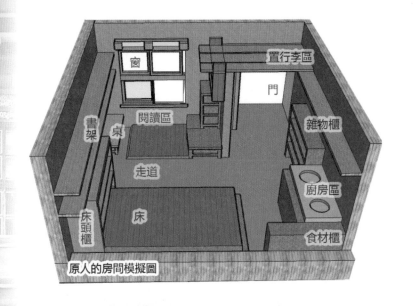

原人的房間模擬圖

望自己能像個雲水僧一樣，揮一揮衣袖，不帶走一片雲彩。

　　我一邊整理一邊參考其他喇嘛的房間擺設，簡直像小型雜貨店，他們都在這樣的空間下住了十幾年，櫃子上與牆上擺滿各式各樣的佛像、活佛喇嘛的法照。對非佛教徒的人而言，應該會認為這樣的宅居，跟都市那些整天上網的宅男宅女差不多吧？但是這裡更苦，因為這裡沒有電話、電視，沒有網路，沒有電源（只許使用一盞公用電燈），根本就像間山寨牢房，他們猶如與世隔絕，又怎麼得知世界究竟是怎麼一回事？

尷尬的男男同居

　　因為宿舍不夠，只能兩人同住一間，而我是一人住一間，讓很多喇嘛十分羨慕。為此，我覺得有點不好意思，便去請示堪布是否把另一床位讓給藏人喇嘛？堪布因為慈悲而要我自己住比較自在。

　　兩個人住是什麼情況呢？在吃飯方面，有口味和習慣的問題；但最尷尬的莫過於解便，只能直接在室友的旁邊蹲下來用尿壺解決。換內衣裙時雖然有小技巧可以不用全脫光，但也毫無隱私可言。讀書時又有良心問題，室友若不用功，你不叮嚀也不行；如果他在用功，你想睡覺也不好意思，就算是親兄弟也很少會這樣整天黏在一起同居吧？感覺就像回到當兵時的團體生活。

　　還好室友是可以自己選擇的。對藏人而言，室友的第一考量是自家的親兄弟或堂表親戚，再來是同寺院的師兄弟，再來是同鄉的人，再來才是知心好友。如果沒有找到人，鐵棒喇嘛才會幫你安排其他同學入住，所以還是盡量熟人同行，修行免費心。但是如果真的遇到個性不合的冤

學院宿舍的生活除了休息時間比較短之外，生活還滿愜意的。學生在課餘時間彼此會互串門子，聊聊天。

家，可能也是緣分，讓彼此有更多機會培養慈悲心。

花花風格與萬用的床座

　　室友選好之後，就要開始討論怎麼佈置房間。這方面，如果兩位都是西藏人，問題不大，因為在西藏，無論男女老少都很喜歡用花花綠綠的顏色或花樣來裝飾自己的房間，甚至包裹佛經用的布也是用可愛的小碎花布，整間看起來就像座小花園。但是說實在的，我感覺那就像鄉下黃花大閨女的房間一樣，一個大男人（而且還是喇嘛）怎麼會住這種女人房間，讓我十分受不了！漢藏在審美觀念上落差甚大，是最難妥協的事。

　　以漢地佛教徒而言，幾乎都是以簡單樸素的配色，感覺較為莊嚴，但是藏人完全不會覺得自己佈置得太花俏。仔細想想，其實是我一直都戴著有色眼鏡來看待這件事，雖然我可以慢慢接受他們住在「花花房間」，但是我自己的房間還比較喜歡樸素些的樣子，否則我很難專心念書。

　　藏式的床也是大有學問，都是配合佛制規定。「高廣大床」代表奢華與傲慢，所以西藏的床架只能有一手肘高，且不能有雕刻花飾。因此，如果你在台灣接待喇嘛住宿時，千萬不要以為豪華雙人床套房就是最好的供養，應該要盡量安排單人床的房間，才會讓他們感到如法又貼心。

　　此外，藏人愛單人床的重要原因還有一點：它不只是床，也是一般客廳用的沙發椅（以利活佛喇嘛們盤坐用），因此，只要在上面擺上書架，甚至是隨便一個木箱，就成了書房，實用性相當高，想休息時可以即席休息；有客人來了，還可以當三人坐的沙發。聰明的藏人居然可以讓這麼陽春的床，變得妙用無窮。

雖然傳統藏床很好用，但是在學院可沒這麼舒服了。一房要擠兩床，很多學生便直接用三塊長木板組成克難的床板，但因為長度有限，對身高一百七十公分以上的人來說，腳根本無法伸直。有些修行好的學生更厲害，直接修「夜不倒單」（晚上不躺著休息的一種修行），把床也省了，直接改成正方形的座區，晚上就直接「坐著」睡覺。

很多人會想：「為何不學一般西式宿舍一樣用上下層的雙人床？」因為這裡的房間挑高只有三公尺，上層的空間會太窄；其次，下層床的光線會被遮住，還得再自備電燈；第三，對藏人而言，睡在喇嘛頭上是件很不禮貌、有違信仰的事。所以大家只能犧牲彼此的欲望與享受，行李少一點，讓雙方都能舒適些，這應該也是佛菩薩冥冥之中給喇嘛們在安居時的第一考驗吧！

跟藏床絕配的重要物就是拉燈。這種開關和台灣早期燈泡開關一樣，一個塑膠圓盒接一條拉繩，拉一下就是關，再拉一下就是開。如果是兩張單人床，聰明一點的就會各拉一條線到床邊，誰最晚睡就誰關燈。如果是在藏房的客廳睡時，就會用長一點的線或是哈達來延長拉線。

當然這是西藏通電之後才有的特殊文化，如此一來，聰明的藏人睡也床上，學也床上，吃也床上，聰明一點的還可以再設計一條大門的開關拉線，專心閉關免下床（想方便直接用夜壺）。雖然現在已經可以方便買到各式各樣的現代化開關鈕了，但還是遠不及拉燈如此簡單又便利

這裡常常會連續停電好幾天、甚至一整週，
只能點蠟燭念書，伴隨著房裡食物的香味，
這樣的日子別有一番風味。

實用。有人問說：「用聲控按鈕不是更好嗎？」問題是窗外的聲音那麼多，狗吠、牛叫、小孩嬉鬧聲，萬一窗外不知情的老藏人看到喇嘛房間內一閃一閃的發光，說不定會誤以爲喇嘛開悟升天了呢！

當書香和飯香同在一起

這小小房間居然還得兼具廚房。早期由於沒有瓦斯桶，所以必須另外加釘一只裝煤炭用的大木箱；現在有了瓦斯爐，各式各樣的廚具和對牆的佛像經書相互輝映。你一定沒想過，在廚房念書是什麼滋味。

一開始我的書桌是朝向廚房的方向，後來愈念愈不對勁，因爲眼睛的餘光都會看見廚房，然後就開始想著下一餐要煮什麼？還缺什麼菜？因此不得不再把桌子轉向另一邊，但是又發現另一個問題，就是會聞到飯菜的香味，無論是隔壁傳來的，還是自己沒吃完的，多少都會干擾。好呀！現在我可知道了，原來這房間的各種區塊代表我的五官，眼耳鼻舌身意的誘惑，躲也躲不掉。

廚房的事，久而久之就慢慢習慣了，對師生而言，最麻煩的是書櫃擺設的問題。西藏的書都是一函一函的，而且又因爲幾乎都是各教派大師們的系列著作，所以每次購買都得是一整套。因爲空間有限，只能往牆上發

（下左）西藏的床是萬用的，擺上書架就是書桌，
端上幾杯茶，大家坐一起就是沙發。

（下右）宿舍的門鎖非常陽春，純粹防君子而已，
很多學生還直接把鑰匙擺在門框上。門鎖雖然是防盜用的，
但當他們想翹課或是偷使用電腦等違禁品時，就會請室友從門外反鎖，
代表這間房間目前沒人在，所以鐵棒喇嘛不會巡視。

展，因此就得在牆上釘上兩至三個超長的木板架來置書，最重要的是牆架下面的重心點一定要有個落地書架來頂著，否則被八萬四千本經書給壓垮時，可別奢望這樣會把你撞到開悟。

話說二十年前學院剛重建時，學生人數只有四、五十位，原本是規劃一人一間房，但是不過幾年時間，第十二任堪布才旦上任後，進行了學制的改革，學生人數因而年年爆增，至今小小的校園裡已經擠滿了三、四百人，每學年都有很多人沒能搶到床位。住不下的人，無論是活佛還是一般學生，都得自掏腰包到街上的民宅去租屋，這樣的好處是鐵棒喇嘛不會跑這麼遠來管，缺點就是懶散與懈怠會如影隨形。因為我常常來來去去，所以房間很多時間是空著，但堪布並不會動用我這一間，讓我感覺自己有如佔著茅坑不拉屎，相當尷尬。

除了中國境內的藏族自治區還能見到這樣的土藏房之外，其他如印度、尼泊爾等藏區，都是以水泥建築居多。藏區一些經濟情況比較好的寺院，也都是朝這方向來擴建。房子現代化了，卻也苦了住的喇嘛。跟傳統藏房比起來，水泥房雖然樣子堅固好看，但是卻冬冷夏熱，舒適度遠遠不及又醜又破的藏房。

雖然傳統藏房有這麼好的建築智慧，但是估計也撐不了多久。隨著交通與經濟的發達，藏人蓋房子的速度愈來愈快，宗薩寺周邊，從二〇〇四年到二〇〇九年就增加了數十間民宅，德格縣城裡也幾乎都成了水泥大樓。外牆、窗口與屋頂雖仍是藏式造型，但卻用了人為的暖氣與冷氣來取代冬暖夏涼的錯覺，對他們而言，這是大概是文明、進步與富裕的象徵吧！

容納天地的極限

此時，我的三心二意又從窗外飄回了學院，二坪之間的天地，究竟能容下多少東西？我在念書時，常常會望著牆想著：「這邊應該要加個櫃子。」「廚房的櫃子應該可以訂做一個更好的！」「我還缺一個好的坐墊，還要有一張藏毯。」諸如此類的計畫，我甚至還畫了相關的設計圖，正打算請當地木匠來設計。

但這卻讓我想到了台灣法鼓山的一個例子。聖嚴師父規定說：「常

「就算房間擠到爆，也要窮開心！」宿舍會如此寒酸，並非是院方沒錢。宗薩仁波切與相關的基金會每年都會將辛苦募集而來的善款匯給洛熱老師，由他來分配處理，主要都是應用在教育經費上，仁波切認為外在的建築蓋得再好也終會毀壞，還不如用來培養人才，才是長遠之計。

　　住的法師們就每半年就得換一次宿舍，這麼做是為了讓他們不去執著住房，二來也可以自我檢視看看這半年來，自己的房間增加了多少東西。」這樣用心良苦的好方法雖值得推廣，但是藏房畢竟不是水泥牆，這樣搬來搬去，木板架來架去，很快就會弄垮了。

　　我跟堪布聊起住房的事，他說他的房間已歷經了半世紀以上，有很多人住過，百年如一日，家具完全一樣，沒有什麼需要增加，也沒有什麼得汰換，平平安安，非常吉祥。我這才明白原來自己太貪心了，總覺得住在這裡，無論是學業進修還是佛法修行，感覺還有好長好長一段時間要度過，房間裡總要多塞一點東西，才能證明自己做過哪些事。

　　當初釋迦牟尼佛僅在一棵菩提樹下的一席吉祥草墊上便證悟，相較之下，這二坪小房等同可以容納十多位佛陀。我的心，蓋了很大的房子，也久久不見佛陀來作客。

堪布手上拿著我所供養的月餅與
他從來沒吃過的文旦（柚子）。

某年的中秋節，朋友從成都託人帶了中秋大禮給我，
有各類水果、柚子、月餅，還有一些食材，真的很開心！
我等不及帶著這些中秋大禮去堪布那先供養分享了！
月餅、奇異果和中秋必吃的柚子，都是堪布才旦這輩子從沒吃過的。
因為自習課的時間已到，我把東西留下後就先行離開。

隔天再去一趟時，堪布指著地上的柚子，一臉納悶的說：
「這是什麼水果？為什麼你們漢族過中秋都吃這麼難吃的東西？」

「難吃？！」我腦筋「卡」了一下……（難道?!）
我把那顆柚子拿過來看，問說：「是哪裡難吃？壞掉了嗎？」
（邊問的同時才發現柚子根本沒切開呀！）
堪布指著那層「白色的東西」說：「不是吃『這個』嗎？好難吃喔！」

哇！原來堪布吃到的是柚子皮和果肉之間那層厚厚的白色海綿狀物！
（我這輩子也從來沒吃過那部分，應該不亞於香蕉皮吧？）
我趕緊把柚子剝開，取出裡面的果肉給堪布，堪布才笑說：「呵呵～
這才像話！好吃！」

堪布吃完後為了化解誤會與尷尬，
特地翻譯了今天他在課堂上講的一則笑話給我聽：
關於布施與供養的功德，你只要做了，兩個人都能得到好處。
如果東西只是拿來自己獨享，
除了變成自己的大小便之外，毫無用處。

第8話
可樂
配糌粑

西藏的開心農場，到底開不開心？

關於我的牛式吃飯法

說到我的大胃口，在當地是非常有名的，如果台灣美食節目「食尚玩家」有西藏版，那我絕對比莎莎或浩角翔起還會吃、還會介紹的啦！西藏食物真的很美味，味道雖重，但是幾乎都是純天然、沒有加工過的。特別是入口即化的酸奶，味道綿綿不絕，撲鼻而來的濃郁奶香，餘味繞鼻樑三日，久久不會散去！

就因為我這麼會吃，洛熱老師的夫人（以下簡稱師母）常常對我讚不絕口，也因為相較於藏人，我吃東西的速度特別慢。藏人吃飯幾乎都是用吞的，我則是很優雅的一口一口慢慢吃。師母常常會模仿我吃飯的嘴型說：「你看看！我們這邊的犛牛也是這樣吃的……嗯……呀……嗯呀～」就像駱駝吃東西時那樣左右大幅度扭動嘴巴。

他們笑我吃得雖慢，卻又能把剩菜全都吃乾淨，一點都不浪費，實在很厲害！有幾次我特別愛吃洋芋，師母就戲稱我為「洋芋仁波切」。師母說：「你是成就者轉世的吧！因為再難吃的食物到了你面前，你都能吃得讓人感覺很好吃的樣子，而且還能全部吃光！」他們玩笑歸玩笑，還是叮嚀我慢慢吃，不要急。

藏人告訴我說，一些外來客能像我這樣不挑食的實在很罕見。有些菜只要放隔夜，就會有混雜肉類的腥味，通常遊客就不敢吃了。更何況很多藏餐、乾肉都是很重口味的，他們根本不敢嘗試。還好我不只能吃，還可以自己下廚，所以我來西藏真是來對了。到學院去念書就要自己料理三餐，對我而言並不是難事。

從燒柴、瓦斯到電爐時代

二○○四年八月，我第一次來學院住時，還是燒炭炊事的時代，沒有瓦斯也沒有電，要自己囤積一些黑炭，在桌型炭爐上煮飯。如果你沒有戶外無具野炊的經驗，就只能去隔壁要飯了。因為當地沒賣火種，光是升火、讓炭燒紅，就得花上半個多小時，煮好一飯一菜就得花上一個半小時。

二○○五年與當地客運公車合作，引進煤氣桶（「瓦斯」在中國稱

藏人的午餐很簡單，就炒一兩樣主菜，分裝在小盤子上，大家一起吃。跟漢人比起來，藏人並不擅長炒菜，他們認為菜要煮得愈爛愈好，肉要生的才好吃，再加上吃的口味超級鹹，酥油茶又油到不行，很多外人都寧可自己開伙。

為「煤氣」），才省下了一大半時間。因為學院宿舍都是木造房，層層相連過於密集，小小的學校裡就有兩百多桶煤氣，萬一其中一戶爆炸了，肯定是連環爆，後果不堪設想！有人就笑說：「不會的！有護法神在保護！就算要爆，也只會爆你那一間！」這當然是玩笑話，但寺院管理委員會仍積極規劃改裝大型變電器，讓學院每間宿舍都改用電爐。這樣做雖會增加電費，卻可減去承受不起的風險。因為這所學院是百年古蹟，不能因個人疏忽而毀於一旦。

　　學院因為礙於經費與人力資源有限，至今並沒有公共餐廳，一切都要由師生自行買菜來開伙。對於此情況，堪布也說了，個人的飲食習慣和食量皆不同，如果把他們每月的零用錢扣來煮大鍋菜，他們寧可自己吃自己的，所以餐廳這事就此作罷。這情況在印度多數的藏傳寺院倒是沒得選，大家都得吃大鍋菜或是素菜；但是如果讓我選擇，我還是比較喜歡自己下廚。

　　要學生自行處理溫飽問題還不簡單，上街去吃不就好了？在校區外面有一條叫「給瑪庫」的商店街，有近十家小吃店，川菜或是傳統藏餐皆有。由於裡面多半設有電視機，有一陣子一些年輕學生常和女服務員聊天嬉鬧，這樣「吉卡若」的不良謠言最後傳到了院方，從此就明訂了一條「禁止在外餐館內飲食」的規定（但可以外帶），因此，大家就只好乖乖回去做飯了。

康謝菜販店開幕記

　　院方斷了商店餐館的生意，但是菜販們也不是省油的燈。學院的學生有三、四百人，幾乎是他們主要的客源，怎能放過呢？因此路邊攤就開始出現，每到中午與傍晚下課時段，門口就出現了各式各樣的菜販，有人甚至直接架起炭爐，賣起最誘人的燒烤，喇嘛人手一串，邊走邊吃十分不雅，再加上濃烈的味道會傳遍校園，最後還是被院方勸止販賣了，只出現賣青菜、包子、涼粉、麵疙瘩與鍋魁（就是像臉那麼大的無料生煎餅）等攤位。

　　此外，藏區真的不能種菜嗎？不，傳言是錯的！只要海拔不過高，基本上都是能種的。康謝當地海拔有三千六百多公尺，像是白菜跟土豆（洋芋），可以說是藏民最愛吃的蔬菜，除了冬天，只要有土地都可種植。

　　後來因為交通發達了，每天都有卡車從瀘定縣或甘孜縣，運輸各類新鮮蔬果到各個藏區，包括各種漢地常見的菜類如小南瓜、萵苣、番茄、小黃瓜、花菜、茄子、白菜、大白菜、白蘿蔔、青椒、西瓜、香蕉、橘子、蘋果等等，應有盡有。白菜一大把才人民幣一至兩塊錢，兩個人可以吃一餐，一人可以吃兩餐，而且所有的菜幾乎都幫你洗好了，綁成一束一束的，真是「揪感心」！

　　二○○八年因為物價上漲，當地的菜販調高菜價，學院也拿他們沒辦法，因為附近就只有他們在賣菜，壟斷了市場。所以堪布就問新任的鐵棒喇嘛說：「你們想不想賣菜？」有一位鐵棒喇嘛就自告奮勇接下了這個大任，他一邊搭建校園菜販店，一邊忙著聯絡甘孜縣上盤的菜商，定期運送蔬果來校園，學院史上首間公營菜市場就這樣誕生了！

什麼都能配的糌粑？

　　西藏的交通發達了，該有的蔬果也都有了，但是相對的，一堆化學食品也同時引進了，小小的雜貨店裡擺滿了琳琅滿目的新奇食品（飲料、泡麵、罐頭等零食在中國稱為副食品），成了藏族傳統主菜之外的配菜新選擇。

　　藏族的糌粑跟我們的麵與米飯一樣，可以搭配任何菜色，但是他們

（上左）康謝菜販部還沒開張之前，門口有各式各樣的菜攤販。
（上右）康謝菜販部張貼藏文的菜名，價錢便宜，而且所得皆能回饋給學院。
（下左）康謝菜販部位於第二校區門口的圍牆邊，缺點是不能自己選菜。
（下右）菜販部由鐵棒喇嘛負責，還有幾位自願輪流的義工，下課忙到不行。

洛熱老師家門外就有一小塊開心農場，由師母親自栽種。
裡頭有小白菜與馬鈴薯，純天然種植，不添加農藥與化肥。

在藏區幾乎可以買到各式各樣的漢地商品，除了價錢稍貴一些，
還常有山寨版，日用品的品質與食品衛生令人擔憂。

的喜好卻難以捉摸，我把巧克力粉混在糌粑裡一起揉，他們吃了想吐；但是他們居然能一口糌粑一口可樂，甚至配麻辣鍋。西藏的麻花油條配泡麵吃，鹹茶卻配怪味的洋芋片和餅乾。

當然這都是年輕人的新吃法，老人家也會吃，但是他們很專一，有人愛配冰紅茶，有人愛配汽水，有人喜歡喝「紅牛」（一種綜合維生素提神飲料），因為他們說那營養豐富，喝一瓶會比較有活力。但是新聞一爆出某工廠出產的紅牛含有毒品成份，一夕之間大家就嚇到，很多人都不敢喝了。總之，只要他們愛上一種品牌的食物，就會一箱一箱的買；相對的，如果食品有問題，他們也會一輩子都不碰。

此外，我十分確信佛家所說的「業力如影隨形」這件事，因為在遙遠的西藏高原，居然能買到台灣的珍珠奶茶？雖然這是台商在中國所生產的沖泡式產品，但我還是深深覺得這是我心中慾望的投影，我渴求的俗物都一一出現了。更令我納悶的是，已經習慣喝鹹茶的藏人，居然也愛喝台灣的甜奶茶！

後來咖啡也引進了，一開始沒什麼人買，有人覺得太苦（我覺得鹹茶才苦！）。我跟他們解釋說喝咖啡可以防止上課打瞌睡，一天一兩杯是沒問題的，心臟不會碰碰跳！不會打瞌睡對學生而言是多麼振奮人心的事呀！他們就買了幾杯來喝，第一次喊苦，第二次覺得好喝了，第三次就天天喝。似乎是只要有益身體的，就算再難吃，藏人似乎也會試著愛上它。但是一些堅持傳統的人，怎樣都不碰那些東西。像堪布才旦就是不吃喝垃圾食物的典範之一，堪布說他不會因為食物而影響或改變自己的作息，不喝咖啡一樣不會打瞌睡（所以堪布把人家送他的咖啡都轉送給我 ^Q^）。

ＸＸ牌純淨水比天山神水還好？

有一天，我發現好友南加的房裡又多了幾瓶不該出現的東西——康ＸＸ牌天然純淨水。我問他：「買這個做什麼？不是可以自己打水來煮嗎？」他說：「嘿嘿！這你就不知道了，這是純淨水呢！用機器洗過的水，最乾淨了！河裡的水可能會有蟲子，所以買這個來喝比較安心！」我一聽他講完便快 Orz 暈過去了……

我笑道：「你們旁邊就有天山雪水不喝，卻要花錢喝這種化學自來水？

你大概不知道這種水是怎麼做的吧？」果然一問三不知，他看得懂中文，認為標籤上寫的都是真的，我便告訴他：「沒蟲是吧？」是沒蟲，因為無數的蟲子早就在工廠裡被漂白劑與消毒水給殺死了。這跟你誤喝一瓢水裡的蟲比起來，哪杯水裡的蟲子因而死得多呢？

雖然他已經明白了真相，但是我估計為時已晚，此時此刻，應該有成千上萬的藏人捨棄自己家園裡堪稱世界上最純淨、最天然的雪水，而把這種名為最純淨的礦泉水，當成飲用水天天喝。我並不是反對他們喝這種水，而是為何要在這樣高海拔、遠離塵囂之外的淨土上，去追求這種人工的化學食物，真是一件諷刺的事。

膽固醇女孩在西藏

台灣有一則茶飲料的廣告，影片中一個胖女生背附在大吃大喝的男子身上，用她來形容膽固醇的沉重負擔如影隨形。但是在我看來，西藏人體內累積的膽固醇，已不只像身上背著一位胖女孩，而是一頭大犛牛！

西藏人早些年前並不常吃蛋，後來藏地雞蛋貨源供應穩定後，基本上每天都買得到。再加上川菜館的「番茄炒蛋」這道又酸又甜的菜，好像正中藏族人的口味，蛋料理就是這樣引入西藏了。但是如果藏人光吃肉，不配蔬果，膽固醇還是很容易累積，更何況再配上高膽固醇來源的蛋。而且那些蛋的品質不一，常聽說有孵出小雞的慘劇，所以買回來得先用 LED 燈照看看有沒有「雞」形。在藏地雖然有如此的風險，但仍然抵擋不住吃蛋的風潮。

自從學院的菜店開張之後，買蛋的學生變多了，每次一買就是一大袋，估計有一打以上，他們每天把蛋當成主菜吃。我問好友南加吃蛋的原因，他說：「因為我改吃素啦！不吃蛋的話，只吃青菜和飯，哪有營養啊？」一問之下，他每一餐都吃兩、三顆以上的蛋，而且最喜歡吃的就是蛋黃，但他們完全不知道那就是膽固醇的主要來源之一，一次吃下三、五顆蛋黃配上高脂肪的酥油，哇！真是恐怖的組合，他們居然吃得津津有味。好啦！很多人開始頭暈了，腰痛、膽結石相關症狀都出現了。膽結石可說是藏族常見的病症之一，我跟他們說了，但他們還是不信，寧可要吃飽，也不怕多吃藥。傳統的藏族食物吃多了沒問題，酥油加上

西藏「黑茶」與糌粑，據了解有「油切」的作用，所以千百年來族人們才能如此健康，其中必有一定的平衡道理；但是現今化學食品多了，雞蛋為了量產都打生長激素，他們卻不知道這些弊病，實在令人擔憂。

別讓西藏人的健康被基因改造

堪布才旦感慨地說，我們擁有世界上最美妙純淨的食物，但是想吃的人卻不多了。這些飲食迷思在雪域還只是個開端，物質文明進步了，但是配套的健康飲食觀念還無法傳播開來。單純的西藏人認為食物都是誠實的，商人都是有良心的，吃了對身體一定有好處；就算沒好處，也只是拉一拉就算了，但他們卻不知道一些隱藏的危機，例如我在當地街上就看到很多食用油和醬油都是「基因改造」的產品，還特別強調是最新生物科技產品，吃了特別健康！

如果您有機會去西藏旅遊，請務必盡一份心力，告訴他們這些觀念。西藏人消息傳播得快，迷信快，接受新觀念當然也快，在這些風險還沒影響到下一代的健康之前，我們都還有機會可以改變並幫助他們。

堪布才旦的三餐非常簡單，早晚吃糌粑，中午吃一飯一菜，偶爾吃包子。
中午的菜只用鹽巴跟油來炒，不添加醬油、醋等調味料，
也不喝市面上賣的飲品，只喝白開水、藏茶跟酸奶。

以下是我在《喇嘛百寶箱》部落格上的公告：

由於我的文章＜喇嘛您為何這樣激動？＞
因涉及介紹僧人上廁所的方式，造成某些人的不悅，
讓網友 LDHC 對此提出了強烈的反對意見，因此我在此向大家徵求意見：
這篇文章是否嚴重毀損佛教形象？是否該刪除這篇如廁之文？
還是把這篇文章設定成好友才能閱讀的權限？不知大家意見如何？

以下是反對方網友 LDHC 的評論回應：
（為了就事論事，筆者僅以代碼取代暱稱）

佛祖袈裟是神聖的。脫了袈裟要如何嘲笑或做噱頭都無妨。
你我的見解都不重要，重要的是文章建立在什麼樣的心。
別說修行者，即便社會底層的凡夫，
也不會把如廁之事登載在網上並圖文並茂。
當然，每個人都在選擇自己的路。既然是佛弟子，就要懂得最基本的戒律。
可有可無的文章，有些事意會好過言談，
何況上下「走動」是人身自然本能的事情，
什麼都上網宣講還圖文並茂，對自己和他人都不尊重！
1 如果您的文章只限定在對藏傳佛教弟子圈內閱讀則無可厚非。
2 不是社會上有的就是好的，或者別人在宣傳，您也可以宣傳。
3 原因是如果您不曾穿過袈裟，什麼都不是問題，老百姓對僧人的評價五花
  八門，因為他們的認知相差太遠，看了您的文章會對僧人產生不利影響。
4 如果有穿袈裟的人與您同樣宣傳，我一樣正義辭嚴。末法時期能守戒，強
  於正法時期的阿修羅，想必您是知道這點的。修行者的言行如履薄冰，大
  意不得，否則就是知法犯法。如何做，您自己拿主意。

第9話
喇嘛您為何
這樣激動？

喇嘛學會「放下」的第一堂課，居然是在廁所裡？

上廁所？不要以為這是無聊的事，這可是西藏喇嘛必備的生活技能。想來西藏住，先看看你敢不敢和大家一起上廁所再說吧！（過於激動與嚴肅的朋友請先飯後再閱讀。）

「脫褲子」是第一大關

如果你剛看完「喇嘛72變」那一篇，應該就知道為何喇嘛不能穿內褲的原因了。由於原始的袈裟是由三塊布來包裹身體的，如果站立方便的話肯定會「漏餡」，因此佛教就在戒律上規定出家人「不可以站立小便」，因為蹲下時可以用下裙布把下體遮掩住。但是這規矩可衝突到漢人和洋人的風俗習慣了，因為蹲立小便是女人的行為，男子漢大丈夫豈可這樣做！所以漢族的僧服不但把裙子改成了褲子，也沒有蹲著解便的習慣。

在西藏還是保有原始的規定，藏區除了一些私人住宅之外，其他都是開放式的公共旱廁，也就是沒有門也沒有隔間的廁所。如果你又穿喇嘛裙子又穿褲子，上廁所時把褲子拉下來時，大家就會笑你！很多人想來藏地留學，換上了喇嘛衣服後卻不知道該怎麼上廁所，直接穿褲子到公廁去反而「一人獨秀」更難看，因此，不得不學會怎麼入境隨俗——穿裙子上廁所的方式與心態！

這是布達拉宮裡的公廁，也是我這輩子第一次上西藏式的廁所。男用和女用其實都一樣，都是蹲坐式（超臭超髒的）。往茅坑內看下去是中空的，東西一拉就直接從五樓的高度落到一樓，那一刻，我已經忘了心中是快感還是罪惡感？（萬一砸傷了小動物怎麼辦……）

什麼是「激動」？

 གཙན་གཏོང་།

「激動」是藏語「小便」的類似發音（原音比較像「進洞」，更好笑），因爲這和上廁所時的心情實在太吻合了，因此就容許我姑且把「小便」這動作翻譯成「激動」吧！

如果你不是想小便，而是去上大號（加巴洞），也只要說「激動」就好，因爲藏人認爲說自己要去大便是很難爲情的事（其實跟我們的文化習慣差不多，我們也都是說去洗手間），所以無論大小號，就只要跟別人說「去激動」就好了。此外，對於活佛喇嘛們如廁的敬語，則有另外的藏語「恰送」，意思是去了廁所。

何處可方便？

尿壺（夜壺）在傳統藏區裡幾乎家家戶戶必備，這東西會成爲日用品，是因爲藏區傳統土木房並不適合蓋太多間廁所，通常一戶平均一間廁

所，又因為不是沖水式的，所以都會建造在門外，夜間如廁相當不便，因此每人一定都會自行準備一個夜壺，男用的是綠色小口的（口徑大約三公分），女用的是藍色大口的（口徑大約十公分）。有人臨時找不到或是買不到，就會以寶特瓶來代替。因此，來藏地定居的第一件要事就是上街買尿壺。

在寺院或是學院的宿舍裡，也因為距離公廁甚遠，再加上房內自習課時間長，所以只能用便器應急，白天或下課時再將滿滿的內容物拿去公廁倒掉。因為學院的師生人數很多，所以隨時可見到一大群喇嘛們光明正大地提著綠色小夜壺在路上行走的奇異景觀。

學院的住持大堪布由於身分問題，不宜到公廁，為什麼呢？因為大家只要見到堪布，都得暫停手邊的工作，彎腰敬禮，直到堪布離開視線後才能恢復動作，所以如果大堪布跟大家一起上廁所，會嚇壞很多人（肚肚裡的「土撥鼠」會窒息），因此只能在他的房間設專用小廁所（也是傳統藏式的）。

有時候我到堪布的住處幫忙處理電腦工作，遇尿急時會向堪布借廁所用，但是盡量避免有外人在的時候，畢竟那是等同於只有活佛才能用的「御用廁所」，不是一般弟子可以用的。我當初使用時一直有強烈的罪惡感，後來就盡量忍著去外面上了（為了享受一時痛快而折損福報，代價未免太高了些）。

藏區的旱廁建造就像火車鐵軌一樣的排列方式，兩根木頭是蹲立點，其中便是如廁處。如果在寺院的法會、慶典期間，公廁不敷使用時，藏人無論僧俗，就會直接在鄰近的排水溝上就地方便，此舉也常常讓女遊客十分尷尬。

傳統藏區路邊的公共旱廁。

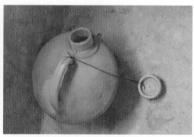

男性用的尿壺。

宗薩學院則有一個專門讓百人使用的公共廁所，但是也有不少學生為了節省時間，直接光明正大地在路邊或河邊解決。還好看起來很像蹲在路邊欣賞風景，但這仍是錯誤示範，千萬不要學習！如果真的找不到廁所，還是要勉強找個遮掩處或是斜坡為好。

正確的蹲姿示範

　　曾經有一次，我在寺管會主任家裡時，有一位教電腦的金巴喇嘛很用心的示範如廁動作，蹲下來後要怎麼拉裙子？手往哪個位置拉？拉到哪個高度？家裡的老藏人看我們這樣蹲來蹲去，都快笑翻了。其實這並沒那麼難，我一開始剛學怎麼上廁所時，就很謹慎的依照那位喇嘛的方法來拉裙子，左拉右拉，前拉後拉，等到搞定後，旁邊早有十位喇嘛已上完廁所。因此，我發現那位喇嘛教我的方法好像行不通。

　　後來遇到另一位學院的漢喇嘛，他就笑說：「拜託！這誰教的？這麼麻煩！你只要把裙尾往後面的木條上一擺，就大功告成啦！」整個過程不用一秒。一般藏區的公廁多半都是用木板和大木條組成的，所以會有起伏甚大的凹凸位置，只要你腳站在凹的站板上，把裙子後方擺放到後面凸上

這種火車鐵軌式構造的旱廁，是專為穿裙子的喇嘛與藏人們所打造的，只要把後裙尾直接托到後面的凸木上就可以安心如廁，重點在於讓整個裙內保持中空的狀態。如果是在路邊解決的話，就要稍微練習一下拉裙尾的技巧了，如左圖這位，就是裙後方沒有凸木。

來的木條上，基本上都不太可能會沾到。但是要先檢視一下那塊凸木條上面是否有沾過醬了？因為有不懂事的小孩或是急著拉肚子的人可能會亂拉一通。

其實金巴喇嘛教的方法並沒有錯，因為藏區路邊通常沒有很多公廁，只能在草叢和樹旁就地解決，因此還是需要學會快又準的拉裙子技巧。而且一定要在進入多天前熟練這項技巧，因為冬天時，內裙都是毛，又很厚，萬一沾到了，難洗也難曬乾！

如廁如上戰場

無論是寺院還是學院，法事或是課堂時間都很長，差不多兩小時才下課一次，因此要好好調整自己的如廁時間。像學院裡每天最尷尬的時間在午自習，午自習從吃飯到下午三點半下課之前，都只能待在房內。

因此昨天到今天上午所吃的食物累積到中午，又吃完一天當中最飽的中餐後，常常會忍不過三個半小時，因此就得養成早上清倉的習慣。藏區的生活步調和都市人大不同，如果生理時鐘不能適應與克服，就連活佛喇嘛都加持不了你。

一般我們在都市上廁所時，用衛生紙擦完後，都會不經意看看衛生紙上有沒有擦乾淨。但是在藏區旱廁上，這樣把沾有巧克力的衛生紙拿上來檢視，是很尷尬的事！以前剛看到喇嘛們上廁所如此神速，我都會懷疑他們到底有沒有擦乾淨？後來我發現大家都會準備兩張衛生紙，用感覺來決定。如果是拉肚子，就多用一張紙；如果感覺很乾淨俐落，一張就夠了。這技巧我實在很難告訴大家，簡單一句話：如人飲水，冷暖自知！

夏天因為日照強，天氣較熱，所以旱廁下方的千人糞塚會發出臭味，但還不至於成惡臭。這臭味對一些鳥類與狗友就是美味大餐，因此當你在上廁所時，會發現正下方有動物朋友在享用你的可口蛋糕。不要以為這是玩遊戲的畫面，用蛋糕打多少怪物就得多少分。一般喇嘛還是會作聲驅趕後再續，上廁所也是可以學習慈悲呀！

多天情況更妙，第一關是木頭上都是積雪，記得要先把雪清乾淨

這個宗薩學院專用旱廁的歷史超悠久，至少有二、三十年以上了，
重點是底下的「黃金」從來就沒有清理過，可以說是超級濃縮肥料，
但是怎麼囤積就是不會滿上來，而貓狗鳥類等動物都喜歡在此進食。

後再踩上去，否則……。第二關，風雪交加，那些風中的白色銼冰會
完全灌到裙內下體，一陣冰炫風～呼！（白色香草加巧克力？是 OREO
巧克力！）真是令人難以言喻的體驗，絕對是你在都市無法體會的妙
感！瞬間你的裙子會像被颱風吹反了的紅傘（或是瑪麗蓮夢露擋裙樣
也行），急忙一抓之下，手上的衛生紙卻飛走了！沒關係，旁邊一定
會有人給你的，這算是公共旱廁最貼心的小事。

在廁所裡聊天論地

　　一般都市廁所都是一間一間的，除非是缺衛生紙，否則幾乎不會
跟其他人互動。但是在西藏公共旱廁裡，常常都是幾十個人一起肩並
肩蹲著如廁，而且旱廁並不是左右並排而已，還有前排！對方就跟你
面對面上廁所，下方的流量一目瞭然！

　　化解這種尷尬氣氛的方式，就是聊天，讓注意力轉移到話題上。
但是由於音效太明顯了，你甚至還會看到對方的尿柱向下噴多遠，或
是啪哩啪哩拉下了多少蛋糕。看到不淨還能優雅地和對方若無其事的

幸福的
雪城宅男

聊天，這是第一階段的尷尬。

當你拉肚子或是對方拉肚子時：「（霹靂趴啦噗噗～）我跟你說喔……（噗！趴趴！）」「昨天我去……，（嗯～喔！噗！）」「……某地方……（噗！噗趴！）……」就這樣得強忍不笑還假裝正經地繼續聊下去，這才是第二階段的最高境界！很多訓練有素、威儀至上的漢地和尚都過不了這一關。

所謂莊嚴，並不是製造乾淨、嚴肅的環境來莊嚴一切，而是在不同環境中，能以如法的心態與大家和樂融融，隨順眾生，歡喜自在，這就是藏區讓西藏喇嘛學會放下的第一門課：沒有什麼好激動的事，放下功夫就如每天如廁事。

改建現代化的公廁？

印度或是國外的寺院或佛學院，由於是現代化水泥建築，所以廁所幾乎都設在宿舍樓梯旁，一樓一間或是左右各一，而且他們也可以穿內褲或褲子，個人隱私的情況就跟一般都市社會差不多。而偏遠藏區的水塔和抽水設備資源還不發達，所以要改裝成現代化馬桶相當有難度。有幾位外國人曾經向堪布們建議應該要改善廁所，目前宗薩學院已經在興建環保用的沼氣廁所，可以將廁所內的沼氣回收成天然瓦斯作日用，原本那個古董大旱廁就會廢除。

「廁所大便的屁拿來當煮飯的瓦斯用？」很多西藏喇嘛們聽了都快笑暈了，看來這場廁所大戰還有二部曲可拍呢！

洛熱老師（黃衣者）
正在指導興建新的環保沼氣池公廁

這是我第一次踏上西藏高原時剛好拍下的「鮮花插在牛糞上」照片，
有些我們認為髒的事物，到底是哪裡髒呢？

喇嘛百寶箱部落格的網友留言：

★老拙說：

阿彌陀佛！以前也聽說過有高僧在大庭廣眾前公然方便的公案。
若非都已放下，哪能有這樣的勇氣？人和人都一樣，不潔。
但願永脫輪迴之苦！

★魚魚不游水　（四川成都教師）：

這篇文章真是「太有味道了！」啤酒＋巧克力＝妙道菩提！放下！放下！放下！
大家坦誠相見，沒有什麼好在意的，都要丟掉的東西，還擔心它嗎？
這就是學會放下的第一門課：沒有什麼好激動的事──百味人生，
無處不是學問！無處不顯法味甘露！

★嘉措說：

精彩絕倫！哈哈哈，解決困惑我多年的懸疑……

★達娃拉姆說：

哎呀！你寫得真的很不錯！雖然女眾出了家，顯了丈夫相，
但是就這個問題，我也是適應了好長的時間！不容易啊！哈哈！

★網易博友 254：

忍著頭疼在完美的背景音樂中讀這篇文章，
實在覺得這不是件「吉卡若」的事。太不容易了。
實在……嘆服您圖文並茂的講解如此之細節！
重點：上廁所可以訓練讓你的我執與面子先丟一半！是的，這就是困難所在。

★ 蓮台回覆 LDHC 說：
自稱八風不動平常心，一廁圖片即起念。你自己去參悟吧！

★ znkeo（我的大學同學）回覆 LDHC 說：
很 ok 的文章啊！內容也很有趣味的介紹當地文化，
畫面上並沒有讓人不舒服的地方。況且，就算是成佛了，
只要還有肉身，這就是很自然也很重要的一件大事，有何不可？

★ /Ozin Wangyal（拉薩的藏族）回覆原人說：
我覺得你寫得很好！支援，我們是個心態很開放又幽默的民族，
上廁所當然是很重要的事情，而且談這個又怎麼樣了？
很好，支援你！這也是一種知識！

★ CELINE 回覆原人說：
留下吧，被拍的人都放下我執了，有啥好不能放啊！這文章給我上了一課，
當初我第一次到北京時看到沒門的廁所，硬生生連很急的「激動」都憋了一個小時，
硬是要友人趕緊帶我到廁所有門的餐廳才肯好好的解放。
若是到了寶地還不放下執著，恐怕我會得膀胱炎。文字間也無褻瀆之意啊！

★ 佛教藏密之家（青海結古寺喇嘛）回覆 LDHC：
有意思！這篇文章很好啊！沒有什麼不對的地方，師兄您寫的都是事實，僧人這樣上
廁所是犯戒了嗎？我看這不是犯戒，也許是您的博友喜歡密宗，但是卻不了解密宗的
戒律，那他如何解釋律經論裡說僧人不能穿褲子，不能站著小便，那漢地的出家師父
大部分都穿褲子，站著小便，又如何解釋呢？難道他們都犯戒了嗎？我看不是他有原
因的，無論你是藏傳佛教還是漢傳佛教，守的戒都是律經論裡所講的戒律。藏區的僧
人不能站著小便、不能穿褲子等等，漢地的僧人可以站著小便，也可以穿褲子，都是
有原因的。我建議師兄您的博友先看看《律經論》，然後在說咋樣？哈哈……

★周文（上海）：
「方便」度眾生，阿彌陀佛！！！扎西德勒！！！

第10話
無期
屠心的
教育

在這裡，
你想學一天也行，
想終生留級亦可，
因為堪布要的，
並不是你的成績。

日記二〇〇七年八月十一日：**開學的震撼教育**

今天是開學第三天，堪布才旦上課前在座位上用藏語向大家說了幾句話，然後一陣鴉雀無聲，大家傻了幾秒鐘互相看來看去，似乎不知道發生什麼事就突然下課了！一問之下才知道是大家沒背書，被堪布罰在大太陽底下背書三小時。

事後我問高級班的學長說：「這樣罰背書的情況，今年是第一次嗎？以前有過嗎？」學長說是今年第一次，以前也常有這樣的情況，所以，這是堪布在開學時給新生的震撼教育，後來一整年當然就沒人敢不背書了！這次事件讓我知道，這所學校沒什麼時間表與進度表，一切都是堪布說了算！

這裡雖然名稱是西藏的佛學院，但是我比較喜歡以「學院」來簡稱它，因為它並不是一所只能學習「佛法」的學院。

西藏自佛教從印度引進以來，寺院與佛學院都是藏族學習知識的主要殿堂，除了佛法之外，還有藏文書法、哲學、工藝、醫學、詩詞等等，總稱「五明」的五大知識領域。因此，這也是為何藏族家家戶戶幾乎都會送自己的孩子去當喇嘛的主因之一。等孩子學成之後，他可以自由選擇繼續出家修行，也可以光明正大還俗，從事自己喜歡的職業。像洛熱老師小時候也是喇嘛，他有四個兒子，小時候也都送去當喇嘛，後來一位到漢地去當住持，三位還俗當了西藏醫生，繼承父業。

老黑堪布成了宗薩學院的「教改之父」

早期，一般傳統西藏五明佛學院的教育方式很簡單，除了格魯派（黃教）有一套較複雜的體制之外，其他教派多半是由一位大堪布與一位「覆講師」所組成。「覆講師」就是覆誦堪布課程的講師，而主講的大堪布會獨自一個人依序將《五部大論》（藏傳佛教主要學習的五部主修論典）講完，下午就由覆講師再重講一次，大約三到五年完成一期課程，然後大堪布會把棒子交給下一任後就退休了。

重建後的宗薩學院，上課方式也是依循傳統。直到堪布才旦接任，他認為這樣的體制對程度落差甚大的學生不是個好辦法，便慢慢將這種

左圖是每天下課時，大家在門口彎腰恭送堪布離場的情況。右圖則是平日下課時的情況，大家見到任何一位活佛或大堪布時就得放下手邊的工作，站在原地誠心地向堪布彎腰行目視禮，直到堪布或活佛遠離你的視線為止。這樣「尊師重道」的西藏禮儀會讓外人覺得很古板、甚至封建，但是現場感受到的卻是難以言喻的佛法虔誠文化，大家都是心甘情願禮敬師父們。

「單向式」的教育制度，改成「一校多師多課程」的選修制。因而多花了幾年時間培育師資，很多優秀畢業生也複製了這樣的成果，在西藏各地創建了二十幾所新的學院，深深地影響西藏傳統教育制度。

　　堪布告訴我，其實他擔心的是找不到優秀的接班人，因為會對不起當初交棒給他的前輩，所以自己寧可慢點退休，直到找到真正有實力的好老師，也絕對不能草草接班了事。

好像回到千年前的上課方式

　　堪布雖然改變了一校多師的選修制，但是上課的規矩仍完全按照幾百年前所傳下來的。學生早上九點進殿堂準備上主課時，會邊走邊用慢聲調唱誦相關祖師的四句讚頌文，乍聽之下很像古代衙門所唱的「威～武～」。坐定位之後還得唱大約十幾分鐘的祈禱文，堪布還得念一段三分鐘的祈禱文，下課前還有五分鐘的迴向文。也就是說，整堂課扣除正課時間外，唱祈禱文的時間佔了三分之一，這種古老的「收心操」超有 FU～的。但是據說這套很耗時的規矩，在印度已經被省略了。不過我個人還是覺得這樣

莊嚴肅穆的「慢慢來」，心比較能「快快到」。

大家都入座後，緊張的時刻就來了。堪布會拿起籤筒抽問三位學生，讓他們即興講解昨天上課所講的精要。被抽到的學生不管會不會講，至少得撐個五分鐘才會換人。有些好學生講得很好，堪布甚至會讓他多講一小時。此外，別以為抽過你的名字就可以放鬆了，因為抽完的籤還會再放回籤筒，所以每天的機率是一樣的，不讓學生有僥倖的心態，每天都得戰戰兢兢地背誦與學習。至於我嘛，大概因為我是漢人初學者，所以籤筒裡並沒有我的名字（因此我一直都不用功）。

外面世界的現代化學校裡，教務處每學期都會安排課程的教學進度大綱，無論教快或教慢，到了期中考、期末考前就是得按進度教完，不然學生就考不了了。但是這裡完全不是這樣。我是八月份上學期入學的，理應重頭教起，但是一開學上的卻是課本的最後一章，也就是上學期末沒教完的進度。這麼一來，上學期的進度會不會也教不完而欠到下學期呢？不會的！

堪布才旦每學年度的教學都會斟酌取捨一些內容，例如去年多講解了第一章，第二年時此章就會少講一些，然後再多講些其他章的補充，因此每年都會聽到完全不同版本的整合講解，也就不會有上下學期教不完的問題。所以就算你已經選修過一次，重修也會有全新的收穫，這也是避免學生偷懶只依靠自修聽「錄音檔案」的妙招。

因此，課程進度該怎麼安排，每位堪布心中都有豐富的經驗與彈性，完全按照學生的學習弱點來加強教學。因為堪布可以從課堂上的問題討論及辯經，觀察學生的學習盲點在哪？誤解的見解在哪？這樣一來，堪布上的課可就是百聽不厭了。

以一敵百與一門深入

在千年佛教傳統下，西藏的師生關係通常是很嚴肅的，老師是高高在上的喇嘛，學生只能乖乖無語的接受教法。儘管印度與歐美地區的藏傳寺院已經逐漸調整為現代化的互動式教學方式，但是在中國境內的傳統藏族自治區裡，仍舊保有千年不變的習俗，這對已經接受現代化觀念的年輕喇嘛而言，常會造成學習意願不佳的情況。為此，堪布才旦想出

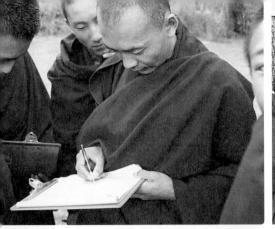

（上左）堪布博巴扎西所指導的藏文書法課沒有教室，
　　　　想學的人隨時隨地可以拿紙筆來找他學。

（上右）堪布才旦負責指導人數最多的一、二年級《中觀》班，
　　　　隨著年級愈高，學生人數會愈來愈少，
　　　　到最後每年只有十位以下的畢業生。

（下左）因為教室有限，有時候教室天雨漏水或是破損整修中，
　　　　大家就會隨便找塊草地即席上課。

（下右）清晨六點的覆講課，通常天還是黑的，還會常常遇到停電，
　　　　在發電機等資源不足的情況下，只能用蠟燭來照明，
　　　　本來就已經很想睡了，真是好煎熬呀！
　　　　這種古人的學習方式真是太不可思議了！歐買尬！

了變通的辦法，他將宗薩學院的課程分成兩個部分：進度正課與複習課。正課上了大約十幾頁的進度後（視內文難易度而定），就重頭複習一次該進度。複習課又分成兩階段，前三分之二的時間是堪布一人與全部學生的問答互動時間，後段則是堪布快速覆講明天要複習的進度內容。

在我的觀察下，堪布為了照顧到全班程度參差不一的學生，會從簡單的問題開始，一直問到最難的。但是全班一、兩百位同學能跟堪布對辯到最後的卻沒幾位，你可以把這堂課視作辯經課，而且這也是唯一可以在課堂上正式一對一挑戰堪布的機會。有時候堪布聽到很搞笑、莫名其妙的答案時，就會用哭笑不得的嗓子回話說：「吉卡若！」堪布說他的成就感就是來自於這個過程，我想這應該是全天下教師的共同感受吧！

就如同知名的餐館之所以出名，是因為只專賣一兩樣招牌菜，而不會賣其他雜七雜八的俗菜。這裡的教育也是這樣，每天就是一堂主課，一天才上五頁左右的進度，卻花上兩、三堂複習課來反覆學習。複習課

（左）堪布會不定期巡房，是學生最害怕的時候。他們害怕的不是會被罰，而是萬一被發現貪玩，就會在師父心中留下不好的印象。

（右）這裡沒有課桌椅與黑板，大家都是抱著這種書架來上課，感覺真像大俠手中的一把大刀。這種行動書桌很方便，在哪裡坐下，哪裡就是書桌。只是因為得擺在大腿上，低著頭看書很容易打瞌睡。

安排得很有巧思。當天傍晚的複習課是複習早上主課的內容，隔天早上六點除了快速複習一次，還外加半小時的互動式辯經教學；也就是說，在上午上正課之前，大家就有了兩次演練習題的機會，以便接受堪布的現場提問。

我很好奇地請教堪布為何會有這樣前衛且有意義的教學方式？堪布大概是這樣說的：「我以前當學生時，每次都還沒聽懂，堪布就一路教下去了，所以只能靠自己利用課餘時間請教。我認為聽一次肯定懂不了，因為內容太難了，所以我就想要我的學生多聽幾次！」就是這樣單純的利他想法，堪布才旦決定改良傳統教育的不足。如此以學生為本的人文教學理念，真是值得現代教育多多仿傚與省思。

「無期屠心」的牢房

宗薩學院的教育是沒有盡頭、沒有固定進度的，雖然會有多次複習的時間，但是因為《五部大論》的內文太深奧廣大了，要精通單一課程恐怕不是一兩年的事，昨天的問題都沒搞懂，今天的問題又一堆，累積愈來愈多的難題，變得很自卑、沒有成就感，我每次都為此而擔憂。

堪布笑我說：「你的問題是所有新生都會問的問題。不用擔心，因為這裡的課程是每半年或幾個月就會重新再上一次，你不用急著想一口氣聽懂每天的進度，只要每天進步一點點就可以了。如果你只是想急著聽完一次課程，就認為自己已經懂了的話，那才是最笨的。」因此，你是在跟自己比賽，考零分也好，一百分也罷，沒有人會逼你。話雖如此，像我這樣已經習慣填鴨式教育、很被動的人，一下子真的很難適應，早晚一共七小時左右的自修時間真的很難熬，心一直往外飛。

每當自習課時，只要堪布或鐵棒喇嘛剛巡視完離開，隔壁來自玉樹的喇嘛南加總是會偷偷在念課本念到一半時，突然改唱幾首解悶的歌，如「我愛你～愛著你～就像老鼠愛大米～」等等流行口水歌，但是在我聽起來好像是在唱《綠島小夜曲》一樣苦中作樂。南加會邊唱邊敲一敲我這邊的牆說：「原人，你在睡覺嗎？」「原人，你在想台灣嗎？」

堪布才旦偶爾經過時會順便開窗來看我，我每次都不好意思地起身回他的話。他看著我時都覺得很納悶，像我這樣在都市住慣了的人，怎會習

慣這種生活呢？我們常常站在窗口一聊就是半小時，感覺很像父母來探監一樣，問候我在這邊吃了什麼苦？習不習慣？我說我們這些犯人都是自願入此獄的，接受這「無期屠心」的教育，希望能從學問中領悟到一點點自由。

堪布聽到我這樣想，不禁笑我說：「你們這些花花世界來的人，無論到哪都覺得自己不自由。我在這樣的小房間住了一輩子，我認為這裡才是最自由的地方，窗外的世界才是不自由的。」看來，我似乎還沒有真正領會到自由的意義。

「外面的世界很精彩
外面的世界很無奈
當你覺得外面的世界很精彩
我會在這裡衷心的祝福你

＊ ＊ ＊

外面的世界很精彩
外面的世界很無奈
當你覺得外面的世界很無奈
我還在這裡耐心的等著你」

每當我看著窗外開始飄著大雪，
總是會想起《外面的世界》這首歌，
思索著為什麼堪布說的自由在窗內，
而不是在窗外？

第11話

辯經
殺很大！

關於喇嘛每天「不讓你睡」的高潮事……

辯經的動作，舉起上揚的左手說，這樣代表提起正見，
像般若智慧一樣。然後再把右手向下擊掌說，
這樣代表降伏邪見，像是文殊菩薩的智慧之劍一樣。

我 的 第 一 次 辯 經

　　二〇〇四年八月，我第一次進到宗薩學院來體驗生活，雖然參與了
各式各樣的課程活動，但是當時我根本聽不懂藏語，到了辯經時更是如
同鴨子聽雷，一頭霧水。還好當時有位稍微懂漢語的喇嘛扎西跟我同一
組，一開口就用中文問：「你懂辯經嗎？」我說：「不懂！但是我可以
試試看！」刺激緊張的辯經就這樣開始了。

　　請問：「天空是藍色的，那藍色是不是一定都是天空？」「先有兒
子還是先有爸爸？」「這根柱子是不是昨天的柱子？」原來類似這樣的
哲學與邏輯問答，就是辯經的基本內容。當然，實際上還得配合比較深
奧的佛法術語與理論。其實辯經並不難，所用的術語差不多跟籃球、棒
球的一樣多，一天左右就可學會，難是難在攻防之間相當猛烈迅速（問
與答都是兩、三秒之間），所以腦筋要轉得夠快！

　　宗薩學院在堪布才旦上任之前，和一般傳統的西藏佛學院體制一樣，

並沒有太強調辯經的課程，幾天辯一次，時間不長且可有可無。後來堪布才制定早晚各一堂，而且辯經的組合多樣化，有一對多、高年級對低年級、高級班對低級班等等各式各樣可能的組合配對，愈來愈熱烈的辯經掌聲就像炒菜一樣，逐年把學院的學風炒熱起來。

就像電影《少林足球》的片尾情節一樣，滿街都是習武之人，隨便一位上班女郎也懂少林功夫，宗薩學院的情況也是如此。逛街、買菜、打水、上廁所等等各種生活場合，都有喇嘛在隨口辯經，無論是討論功課，還是玩笑聊天，辯經的文化無所不在。

我可不可以不要學辯經？

在我們的現代教育裡，可能認為辯經應該就像辯論社團一樣，只是訓練口才的一種方式，並非人人都得學，有些藏人好像也有這樣的疑慮。

二○○六年，有一位從外地來的苯波教學生來就讀，他入學時就私下請教堪布才旦：「堪布，我可不可以不要參加每天的辯經課程？」他說：「因為我是學苯波傳承的，我們學的跟你們的不太一樣，我學了這些辯論之後，回到我們那兒是用不到的！」

堪布彭措朗加（坐立者）還在學生時期時，在老堪布面前示範辯經。辯經時，站的是問問題的人，坐著的是答題者。通常是站著問問題的人比較傷腦筋，因為你的腦海裡要先預設好很多套問答方案，好讓坐者逃不出你的「謎網」。

堪布的回答是：「不辯的話，每天就背不好書。辯經的目的就是要你背出並應用所學的內容。再說，你也可以利用每天辯經的時間來學習各地的藏語方言，這樣也有助於課前課後的交流學習，所以不能不參加！」我心想以前念了十幾年的書，也沒受過這樣的口才訓練，難道我就白學了嗎？後來才發現，在西藏學習，有沒有學辯經，功力真的差很大！

樂很大的一刻！

西藏教育比較不注重紙筆等書面訓練，而是較強調聽聞與答辯，不像我們做筆記或是報告。一天七小時的自習課，也是加強朗讀與背誦的能力，這樣的學習方式很容易消化不良，而辯經課程就是這樣的關鍵出口，特別是在傳統的藏地裡，沒有什麼娛樂活動，一天當中只有辯經時間，學生們才可以輕鬆地互相討論課業，也算是活動一下筋骨，成了一天下來唯一的體育課，也是大家最開心的時刻。

到底有多開心呢？我實在不太好意思用「高潮」兩字來形容喇嘛的辯經快感，但確是如此！有點類似歡唱了幾小時的卡拉OK後，整個腦袋麻麻、熱熱的一樣。辯完經後，腦袋還一直回蕩著剛才的問題，有時候想半天還想不出破題的方式，根本睡不著！

在學院裡，沒有人敢說自己是精通辯經的，因為同樣水準的高手學生也很多。一旦堪布發現你太傲慢了，就會在現場直接挑戰你，教訓你一下。大家表面上在鬥嘴，但是無論是輸是贏，一場辯經下來，對彼此甚至是觀戰者都有一定的新領悟。至於其他的喇嘛學生是怎麼看待我的呢？他們一定認為我什麼都不懂吧？後來，我決定要測試一下自己的辯經程度。

「兔角」風暴

剛到學院後幾個月的某一天，一位外號叫濟公的喇嘛跟我辯：「請問兔子的角是不是不存在？」我說：「為何？」（就是否認之意）他說：

辯經課程相當多元，而且不限於課堂上，下課聊天、課堂討論時都能 PK。
上課時堪布們也會親自在旁指導，學生甚至可以直接找堪布們單挑，場面既火爆又歡樂。
堪布說他只要一天沒辯經，就感覺今天沒快樂過一樣。

「是佛陀所說之故！」我還沒接話，濟公學長二話不說就拍了掌說：「哦～剎！」（剎的意思為「丟臉」，代表答錯的意思）我說：「其他地方可能會有。」學長很納悶地要我解釋，拿出證據來！當時我手邊剛好有這樣的圖片，可以預料到的風暴即將開始。

龜毛、兔角與空中之花，這些在佛經上是比喻虛無、不存在的意思，常常會在辯經時作為比喻之用。對此，我就很有意見，因為有些東西不一定是完全不存在的。像兔角，我就曾在網路上見過美國有相關報導，各地多多少少都有如此基因突變的長角兔子，我便把其中幾張沒造假的照片存到 MP4 裡。

當我又被問到兔角問題時，便偷偷從懷裡秀出 MP4 所播放的兔角照片給對方看，他們當場的反應是傻眼加上打死不承認這是真的！他們問說這（有角兔）在哪裡？我說是美國。後來這消息傳遍了整個學院，大家在辯經便有了新話題，問：「兔角是虛無的嗎？」開始有人回答：「在美國有一隻！」有的小喇嘛更可愛，直接回答說：「有！在那個『架』（漢人）的 MP4 裡面有一隻！」

我問了一個他們應該不會答錯的問題：「請問西藏沒有的事物，在西藏以外的地方是不是也一定沒有？」結果還是有很多喇嘛贊成這個站不住腳的觀點，有些人甚至直接拿佛陀來當靠山，反駁說：「兔角是釋迦牟尼佛親口說沒有的！你敢否定佛陀所說的話嗎？」

同時也有人說：「有兔角的那些是例外，並不能代表普遍性的存在。」於是我又問：「例外的東西不能存在嗎？那天生少了一條腿的人，就不能算是人了嗎？」辯到後來，你會發現，很多事物都是沒有絕對的。

堪布說：「佛家認為外面的事物是虛有無常的，因此任何事物都有可能發生，只要因緣具足了，沒有的也會變成有的。」只是在傳統藏人的心中，理論和現實生活無法湊作堆的情況還是不少。

西藏之外的大世界？

兔角風暴那陣子，我還一邊辯經一邊解釋了現代的醫療與生物科技技術。我介紹了隆乳、隆鼻，甚至比著男女的重要部位，做出

每年會有幾次紀念日，晚上會舉辦辯經大會，整個學院點滿了祈願的酥油燈。

「切！切！切！」的動作說：「外面的醫生可以讓男人變女人，女人變男人。」一堆圍觀的喇嘛既害羞又狂笑，醫學與科技的發達已經超乎藏人的想像，大家都感到十分不可思議。

　　對傳統藏族而言，會有以上的誤會，是因為多數人這輩子幾乎沒離開過家鄉，但是照目前的發展來看，他們很快就會吸收這些新文化知識。只是在知道了這些變種動物、手機、電腦後，對他們的辯經或是修行會有幫助嗎？我雖然懂得外面現代化世界的資訊，但是我並沒有比較聰明呀！我不禁心想：佛陀當初只坐在一棵菩提樹下，哪裡都沒去，為何就能領悟了超越全世界萬物的道理？

　　「我們的心在哪裡？為什麼有因果無常？為什麼有輪迴？」很多問題的答案是「咕狗大神」（Google）沒辦法查到的。晚上我偶爾會因為思索這些問題而睡不著，滿心期待這些生命謎團終會有「破梗」的一天。

129

洛熱老師看過我的成績單，
既驚喜又滿意，但是感覺那
好像是「一笑置之」的表情。

　　二〇〇九年一月是我第一次參加學院的考試，雖說我已經有一定的藏文基礎了，但是要面對全藏文的考試，難免會緊張。還好學院有印製考古題給大家參考，這一學期的考古題範圍共有一百多題（都是簡答與申論）。於是我便提早在一個多月前就開始準備，每天抽空到堪布那請教考古題的答案，然後拿筆記本把書裡的答案連同問題一起整理好。考試前一週是自習週，這時間內要背熟這些內容其實很足夠了，我只要全心去死背就是了！

　　前六名有什麼獎勵呢？很簡單——一兩百元獎學金，還有堪布會在課堂上賜與你一條白哈達。考完後，我認為自己應該考得不錯。在還沒公佈成績之前，大家都會在課餘時互問成績，然後就會到處比大拇指告訴對方說：「切『盎懂波』惹！」意思是「你是第一名！」結果成績公佈後，我考了九十五分！先前有一位漢族學長考了七十多分，所以就以非藏族的首次考試成績而言，我的確是該院史上第一名，但是我心裡很清楚，這只是死背的成績。最後我雖然沒有擠進前三名，但是好友們還是很給我面子，一直誇我「盎懂波」。堪布彭朗也對我說：「漢族學生初次能考這樣，不只是『不錯』而已，而是『真的非常不錯』！」堪布才旦說：「這些成績僅供參考，『聞思修』不能光靠死背，最重要的還是平日課堂上的理解、辯經課的實力，當然還有佛法的內在修持。」

　　此外，據了解，學院裡功課最好的，通常不是具有活佛身分的學生，而是家境比較清貧的學生——這好像是世界共同的現象，他們沒多餘的錢去買MP3與電腦，也從不缺課，而且一定都擅於辯經。總之，學院的考試答案不是寫在紙上，而是在全校三、四百人的身上，每向對方挖一點就多賺一分。看來，我的「盎懂波」之路還真是遙遙無期呢！

從笨重的卡式錄放音機，
到最新的電腦、手機與 MP5 影音播放器，
藏人要如何面對迅雷不及掩耳的科技文明？

第12話
滿院盡帶
MP543

數位產品從 MP3、MP4 到 MP5，從手機到數位相機，這些「543」（台語：隨便之意）的吉卡若之事，躲藏在整個學院深處，喇嘛要面對的誘惑與挑戰，不再只是佛堂內的事。

一切從金巴喇嘛帶進來的電腦說起

十幾年前，一位名為金巴的台灣喇嘛，透過降用彭措的引薦來到宗薩寺。當時他也帶了台電腦來，這對當時的西藏寺院來說是相當前衛的事。但是年紀頗大的洛熱老師並沒有被這新奇的玩意給困惑住，反而很有遠見地和金巴喇嘛一起研發藏文排版軟體，讓宗薩學院慢慢成為康巴地區最重要的藏文數位化權威機構。然而這開創性背後的使命感，並沒有多少藏人能領悟。

二○○四年我剛來宗薩時，學院的電腦教室只有三、四台 WIN 95 系統的電腦；後來隨著藏文典籍的錄入工作量愈來愈大，院方不得不申請經費來添購新設備，電腦教室便從一間破房改建成一棟全新二層樓的鋼筋水泥屋，而宗薩藏醫院也有一處女子電腦班。

學院的電腦班學生多半都是從學院輟學來的，不太喜歡念書，但是頭腦特別聰明，堪布希望他們能留下來學一技之長，還幫他們特別開設藏文文法課程。但是這些頑皮的喇嘛們所製造的麻煩，卻一天比一天多。

從 WIN 95 到 Windows 「Caiban」？

有一年暑假，我忙著整頓電腦教室的資源。電腦班學生找我修很多台電腦，其中難免有不少「古董型」的機種，只能裝舊 WIN 98 或是 2000 的系統，但是現在到哪去找這麼古老的版本光碟呢？我便對他們開玩笑說：「這台筆記型電腦只能裝 Windows Caiban 系統！」「什麼是 Windows Caiban？」我比出切菜的動作說：「就是『菜板』！這台沒救了，只能帶回家切菜用！」他們一聽都笑翻了。

後來筆電在宗薩學院的代名詞就成了「菜板」。學生私藏電腦是違反校規的，後來菜板就成了內行的術語——「你那裡有沒有『菜板』？

（左）隨著科技影音的引進，一些年輕的喇嘛在書架裡放的照片不再只是佛菩薩像。有時候我都會故意跟他們開玩笑說：原來你修的是「火影忍者」呀！

（右）金巴喇嘛正在向土登尼瑪活佛介紹宗薩學院自行研發的藏文排版軟體。這些技術已經為整個藏區用數位化的方式保存了許多珍貴的藏文佛典資料，甚至可以說這是一項名留青史的偉大工程。

借一下！」有一次，我被同學請到他的房間，他偷偷摸摸地鎖上門後，打開擺置瓦斯爐的木櫃門，「哇！怎麼有電腦？」做菜的地方居然是筆記型電腦的「包廂」！因此，我就坐在廚房修電腦。

　　除了電腦，學院也開始興起購買 MP3 音樂機的風潮。差不多在二〇〇六年時開始有人引進，但是知道怎麼用的人並不多；二〇〇七年時，基本上平均每二十至三十位學生中就有一台。MP3 都是人民幣一百元那種山寨版的，有需求就有商機，街上的幾家商店也開始進貨。

　　第一波購買潮主要的用途是拿來上課錄音用。在這之前，大家都是用「磁帶機」（卡式錄音機）來錄音，上課時就人手一台，提到教室去，上課期間就一直聽到換帶的聲音。但是卡帶很佔空間，等念完十年畢業，可能要一卡車才能運得走。由於 MP3 體型小，又可以不斷錄音，所以很多喇嘛都急著想升級。

　　但是高科技的東西一到他們手上，還是變成換湯不換藥的事。很多學

生不曉得該怎麼存檔，所以每次記憶容量滿了之後就全部刪掉；再加上學生距離老師的位置很遠，會穿插有咳嗽、聊天、甚至打瞌睡的呼聲等雜訊，因此，他們所錄下的檔案殘破不堪，那些珍貴的課堂錄音文獻資料就無法妥善保存了。

ＭＰ３，ＭＰ４，哪來的ＭＰ５？

既然電腦和ＭＰ３已經開始入主藏區，一場資訊大戰即將開始，首當其衝的就是我！每次下課時間，當我走在路上時，都會被人綁架拉走！

我被拉到同學房內，把門鎖上，然後同學就會偷偷摸摸地從衣服裡慢慢掏出東西——不只是ＭＰ３，還有手機、ＭＰ４和數位相機都已經加入戰局，後來還出現ＭＰ５。我說哪有ＭＰ「５」這種電腦格式？原來是大陸商家新推出的支持全格式的多媒體機，以「ＭＰ５」代稱，但是藏人們還是不懂格式的差異。

「哇！ＳＯＮＹ的！三星的！ＮＩＫＯＮ……，ＮＯＫＩＡ」，他們拿出來的3C產品一台比一台高檔（這些學生真是愈來愈有錢了）。問題來了，他們看不懂上面的中文字介面。我的手在這種情況下，摸過無數台數位產品，卻沒有一台是我的，就像在銀行金庫上班的人一樣無奈。尤其是在修手機時（屬違禁品），因為不能被其他人發現，又很怕誤觸陌生的操作介面，發出鈴聲，還要一邊猜原廠密碼，感覺像是在拆解炸彈。

在如此生死攸關的緊張氣氛下，我不禁回想起當年堪布要我來學院念書的理由。二○○六年堪布勸我入學時，跟我保證說：「沒有人會找你修電腦、手機、ＭＰ３那些東西。」這句話在當時的時空環境下是無庸置疑的，但時至今日，就連堪布自己也沒料到這波風暴影響會如此之大，雖然外面的藏人沒辦法找我修了，但是學院內的情況反而更多！感覺業力如影隨形，走到哪都擺脫不了。

當信仰出現 BUG

有一次當地發生大停電，除了手機的基地台有備用電之外，市內電

（上）電腦班的生活很簡單又輕鬆，整天就是打藏文與校對、排版，還可一邊吃喝、聽音樂。但是學生們很聰明，堪布一離開教室後，很多人就會偷看電影或連續劇。由於電腦技能在藏區是很吃香的謀生工具，每年都有一兩位辛苦栽培的電腦小老師因此跳槽離開了。

（左）洛熱老師不認老，很用心學電腦。他每次遇到不懂的地方，總是要金巴喇嘛或是我親自教他一次，然後他再去教他的兒女們與藏醫院的女子電腦班學生們。

（右）學院的附屬商店已經可以代購各類的3C產品，但是手機和電腦仍禁止販賣給學院學生。

135

話都斷電了。那天下午，堪布才旦有急事需要連絡印經書的印刷廠，因為有幾個錯誤需要改正，若當時不立刻修正，書印下去就來不及了。堪布到處去借電話，結果借到天黑了，竟沒有任何學生願意借他手機，大家都裝傻說沒有！

因為手機在學院屬於違禁品，被查到除了沒收並當場砸爛外，還會沒收學期末的零用金，另外加上鐵棒喇嘛的責打。因此，縱使大家視堪布講師如同活佛，但當他有難時，居然沒有學生敢主動拿出違禁品來證明自己對師父的信仰。

MP3 與 MP4 因為具備錄音功能，所以並沒有禁用。很多學生會想辦法下載一些音樂與電影，當然他們一定會找技術最好的我。他們很聰明地跑去委託跟我很熟的學長來求我幫忙，人情壓力之下很難拒絕，堪布知情後卻理直氣壯地罵我說：「那我跟你熟不熟？你到底聽誰的？你應該聽誰的？」

於是我慢慢試著拒絕了，但是沒想到魔爪最終伸向了電腦班學生，他們開始偷偷做起盜賣影音檔案的生意，從一次五元人民幣漲到三十元以上。因為這樣胡亂分享檔案，公用電腦中毒的情況也愈來愈頻繁。

我心想：「我義務幫學院維修電腦，但他們卻公器私用地來賺錢？」我一狀告到堪布那，才發現原來堪布早就知情，他說因為電腦班學生沒什麼工錢，所以他們把這些下載服務賺的錢合資起來分酬勞用。堪布說這沒辦法防範，只是讓我受委屈了，他感到很抱歉。

當地曾經有三位藏人向我學習簡易的繪圖與影音剪輯技術，他們學成後便自行製作與販賣 DVD 影片，之後就有愈來愈多人想來學。雖然喇嘛是佛教修行人的身分，但是並非人人一開始就有正確動機，在他們無法辨識這些過患與誘惑之前，至少我有義務去避免這些悲劇發生。

怪獸不在電力公司？

有了電，大家就會用電器用品；因為有 MP3、MP4 和相機需要存檔，所以他們就會想買電腦。現在各地區的網路又通了，愈來愈多藏人想學習如何上網，堪布便無奈的說：「大概再過幾年，學院旁邊就會有人開『網咖』了吧？」我說：「是呀！喇嘛要上『天堂』了（某知名線上遊戲）。」

這裡自二○○五年底開始通電，但是學校因為變壓器不夠大，電力不足，因此除了各房一個線路已固定的燈具之外，仍禁止私接插座與使用電器，但是大家還是偷偷接了。對此，堪布認為如果開放用電，就是擺明要大家多買電器、電腦用品；但若不開放，又會讓他們犯了佛法戒律的盜罪。最後，寺院管理委員會決定未來要新增變壓器，改電表收費制，一來是配合以電爐取代危險的瓦斯爐，二來是這樣才不會讓學院因為學生偷電而虧錢，因為用電是無法避免的，總是要有配套措施。

因此，整個問題不在電，大家心中那頭科技怪獸也不是來自於電力公司，堪布一直開玩笑說：「要享受這些高科技服務，所付出的代價實在太大太大了！」他感慨地說：「在寺院都忙成這樣了，更何況是住在都市裡的人們！有手機，耳朵就忙；有電視看，眼睛就停不下來……」他很希望大家可以回歸到十幾年前夜夜燭光的單純環境，與世隔絕，但是如果這樣做，反而會讓遲早得踏入外面世界的喇嘛學生變成溫室花朵，不堪一擊。

雖然上述講了一些唯恐天下不亂的憾事，但是學院裡的中高年級學長們還是相當自律，偷偷找我修理電器用品的只有少數三、五位，而擔任講師與覆講師的喇嘛因課業繁重，可以說根本沒來找過我，算是很令人欣慰的事。

洛熱老師與堪布才旦的電腦裡，從來就沒有那些與娛樂相關的影音圖文檔案。他們的電腦都是我修的，任何檔案皆無法逃過我的眼睛。我教他們上網、搜尋與下載等技術，但是這幾年來，他們的電腦永遠是乾乾淨淨

下課時間，學生們最喜歡到學院附設商店裡看電視。

的，除了行政與佛教用的影音檔案外，根本沒有任何吉卡若的內容。

　　但是這些藏文數位化的工作只靠堪布他們兩三人是很難辦成的，宗薩電腦班目前嚴重缺乏無私奉獻的人，而目前院方有一些比較急迫的文獻保存工作，再不做就來不及了。

再不做就會後悔的事

　　我剛入學的那一學期做了件大事，就是把堪布才旦的講課內容完整錄存下來。寺院出資買了品質較好的數位錄音筆，請堪布每天在自己的講課座位上零距離錄音，然後我把課本的複雜目錄製成電腦表格，精準地記錄每堂課的錄音內容。這應該算是該院歷史上第一套最完整也是最清晰的錄音課程檔案，我的計劃是將學院十年的課程都完整地錄製保存下來。

　　佛典可以慢慢翻譯，但是有些西藏大師親自講授的佛法開示與課程卻是有時間限制的，人才一年一位又一位地逝去，師資水準一年比一年低落，再加上目前環境如此不穩定，珍貴的人文資源很容易便稍縱即逝，今天不做，明天就會後悔，可說是刻不容緩。我們這些外人抱著「皇帝不急，急死太監」的心情，協助他們搶救這些已經快消失的資產。學院的院長堪布彭措朗加也多次為此擔憂，怕這些事嚴重干擾我與喇嘛們的學習，我自己也覺得心有餘而力不足。目前像是雲端運算與電子書等等顛覆人類生活的發明，已慢慢襲捲而來，當科技愈來愈便利，我們的學習是否能更有效率呢？

　　佛陀時代的教育是不動紙筆，只依靠口耳相傳，根本沒有這些錄音機等輔助設備，但是任何一位弟子所能背誦的經文可能就是我們的千百倍；而現在我們雖然擁有比他們先進千萬倍的儀器，但智慧與他們相比，卻是望塵莫及，不是嗎？

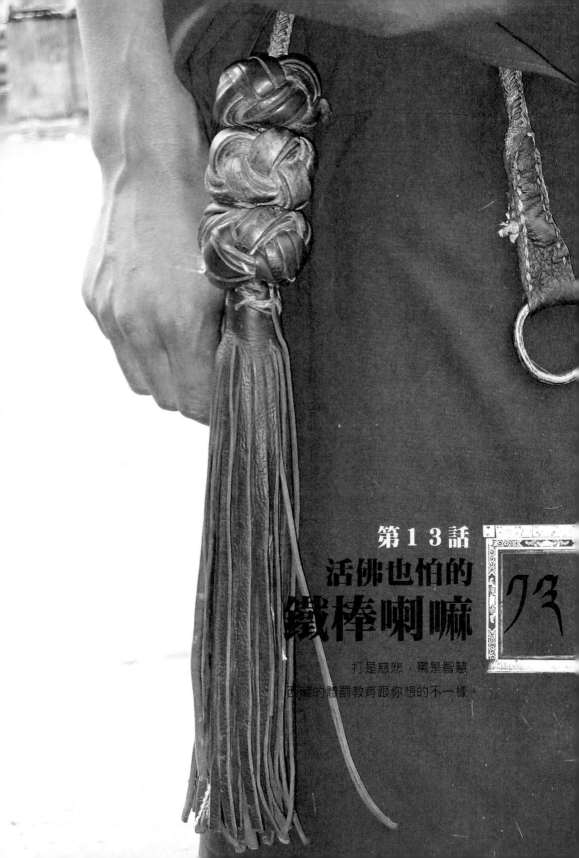

第13話
活佛也怕的
鐵棒喇嘛 つる

打是慈悲，罵是智慧，
西藏的體罰教育跟你想的不一樣。

這是最難下筆的一篇，因爲跟藏地教育的「體罰」制度有關，你很難在書上或是網路上找到類似的紀實圖文，因爲寺方通常會要求不准拍攝任何跟鐵棒喇嘛打人相關的照片與影像，避免傳播到外人手中，造成外人對西藏「人權」的過度誤解。如果你看過宗薩仁波切的電影《高山上的世界盃》，一定對鐵棒喇嘛印象深刻：外表黝黑，長相既凶狠又高大，很會責罵人！只不過，西藏傳統寺院的鐵棒喇嘛可不是那樣只動口不動手的。

咻～咻！啪啪啪！牛皮流星鞭鎚！

鐵棒喇嘛在寺院制度的歷史悠久，比較常被稱呼爲「格貴」。他們並不是管理寺院財務、法務的管家，而是專管佛門紀律的。在德格地區的藏語就稱爲「曲臣」，字面意思是法規，因常隨身攜帶鐵杖而得名。但是宗薩學院這裡不是持鐵棒，而是皮鞭！

不論是鐵棒還是鞭子，各地寺院的外型不盡相同，但大同小異。以宗薩寺與學院爲例，這裡是用純牛皮編織成如掌心般大小的三顆球所製成的，球的尾端留有數十條皮束，全長大約有一點五至二公尺左右，所以造型算是流星鎚還是鞭子呢？或者是「流星鞭鎚」呢？被這種東西打到，會有種被鎚又同時被鞭的感覺，痛處大約三、四天左右才會消除。

這個鞭鎚平時就配掛在鐵棒喇嘛的右腰間，一抽即可取出。鐵棒喇嘛會握住三分之一處，然後向上空拋轉，有點像西部牛仔用繩子套牛的動作一樣，「咻～咻～咻」的聲音傳遍空氣中，然後就一聲往喇嘛的背肩上擊下！輕則一擊，重則三至七下不等。很痛吧？但是這算是很輕了，因爲還有其他藏區的學院是每次打三、五十下的，鞭鎚比這更大顆！任何觸及聊天、玩樂、睡覺等懶散玩樂之事，都會挨打。

通常住持或堪布並不會在現場干預責打過程，而是完全信任且授權，打錯人也好，打過多也罷，現場的秩序全權交由鐵棒喇嘛負責，所以不管你是地位多高的活佛還是普通小喇嘛，低年級還是最高年級，在校生或是旁聽生，通通都是被打的對象，所以鐵棒喇嘛可以說擁有一人之下、萬人之上的權威。

鐵棒喇嘛在監督正課時，都是坐在靠近門口的位置，除非有抓到行

據說這是西藏護法神親自加持過的鞭鎚，
透過責打的方式可以輕易地消除惡業。

為太超過的現行犯，才會立即起座去責打，否則一般情況都是先默記黑名單。在課堂上，他會稍微轉頭或是用餘光去觀察誰在偷偷犯規。睡覺的、偷聊天的、玩東西的，一律先默記，當他覺得已經記夠了，就會起身一一算帳。常常是一邊巡走一邊打，走到哪一認出你來就打！

這時候就算在進行課程或是法事活動，也完全不受影響，斥責的聲音並不會刻意壓低，堪布講師們永遠都是老神在在地講課，背景就是「咻咻咻～劈哩啪啦！」的聲音。有幾次是大家課前正在念《心經》的時候，口中剛好念著「心無罣礙」，作賊心虛的學生便用餘光偷瞄鐵棒喇嘛有沒有朝自己走過來。

有一次，堪布在經堂上公告期末考以及考後的假期安排事宜，很多喇嘛聽到這就樂歪了，因為終於快放假了，但是又不能交頭接耳來聊天，之

141

這張照片我剛拍完沒三秒，
那位鐵棒喇嘛就馬上過去打人，
所以那眼神殺很大。

後突然有人咳嗽了一聲，頑皮的喇嘛也跟著咳了一聲，用來表達暗爽的
心情，然後大家就這樣「以咳會意」，整個殿堂此起彼落都是咳嗽聲。

這時，耳尖的鐵棒喇嘛們馬上當頭棒喝一句：「咳什麼咳！吉卡
若！」接著馬上就動身，鞭子一鞭一鞭地往他們身上抽下去！因此這裡
沒有所謂的法律漏洞，只要他們感覺到你在鬼混、偷機取巧，通通可以
打了再說！相對的，如果是有冤情、誤觸校規的，也會予以寬容，完全
是以心來執法。所以鐵棒喇嘛的品德操守非常重要，若非堪布絕對信任，
否則無法勝任。

但是基於禮貌，他們不打客人與外人。我每次中午下課時間跟堪布
聊天，說到今天有多少人被打時，他的第一個反應總是問我：「那你被
打了沒？」不知道堪布是希望我被打，還是不希望破例，就不得而知了。

佛教中有一道修行法門叫「忍辱」，就是坦然承受任何一切讓你痛
苦的事。在學院裡，常常有很多機會教育來練習此法門，被打時不能發
出任何叫聲，或是不痛不癢時也不能現場偷笑，否則會被認為不知恥，
下場反而更慘。鐵棒喇嘛也有錯打的時候，如果你是被冤枉的，縱使再
委屈，也不能當面頂嘴或反抗，這也是違規的行為。

堪布會在每一年時，不定期地當眾開示學院的規矩：要大家歡喜學、
甘願受。既然來到這所學校，就不要去想懲罰的輕重，無法接受者可自
行離開（退學不需要辦手續，跟堪布說一聲就可以走人）。因此，大家
心裡都必須先認同這個嚴規。

學院的獎懲制度當然不是只有鐵棒喇嘛責打的方式而已。若請事假
（包含課間如廁也算），下午晚課時間就得在大家面前「瞌頭」（禮佛）

142

懺悔大約十來分鐘。這裡完全沒有任何假單或是紙筆登記，只需跟鐵棒喇嘛通報一聲即可。除此之外，還有五元至二十元不等的請假罰款。如果是犯規，如遲到、早退、無故缺席等，就得在眾目睽睽之下，自己提早十分鐘站出來瞌頭，另外還得自備十盞酥油燈到佛前燃燈供養。值得一提的是，這些得瞌頭、點燈的人，必須自動出席。雖然沒有人會唱名，但如果鐵棒喇嘛發現你裝傻沒站出來，你就會被打得更慘。這學院的懲罰方式就是這麼自主而單純化，至於獎勵，記大功？嘉獎？很抱歉，完全沒這回事。若有人做了好事，堪布們會在課堂上口述表揚，但無任何實質的獎勵。如果你是佛教徒，就應該知道善業的功德是無價的。

活佛的私人鐵棒老師

活佛們在殿堂上的座位被安排在最前排，僅次於堪布席位，但是他們請任何假或是犯錯，並不用起身瞌頭懺悔，因為活佛向普通人頂禮（站在門口向大眾的方向禮拜），是件有違佛教與藏族倫理的事，所以這是活佛學生在學院內的唯一特權。但是其他的生活規矩就都跟一般學生一樣，住一樣的房間，一樣會被打，而且更丟臉，因為坐的位置就在大堪布正前方，一作怪就非常明顯。

活佛來學院念書，通常會有一位「高級伴讀書僮」，一般稱作「親教師」，終生負責活佛的學問與修為教養，在學院還得協助煮飯、打茶水等生活起居事宜。就我的觀察，有年長且嚴格的鐵棒老師相隨的活佛，通常比較用功，因為外頭有鐵棒喇嘛管著，房裡又有一位。若非如此，小活佛活佛在學院裡的身分跟普通喇嘛一樣，貪玩的本性易露，這是任何信徒都不易看到的一面。

發毒誓 VS. 毒打，你選哪一個？

我曾經採訪過三位分別在印度不同學院留學的漢喇嘛，他們說當地的情況比較接近現代人的標準，有罰款、罰站、勞動或是煮菜，基本上不會體罰。然而，面對這樣兩套標準，便出現了一些爭議。

143

色達學院的觀點：體罰不是文明的行為，玩樂是佛門最蠢的事。

　　色達五明佛學院位於中國甘孜藏族自治區內，是目前世界上軟硬體規模最大的西藏學院，最難得的是漢族留學生有成千上萬人，有全中文的西藏課程。由於學生人數與宿舍太多，無法像格魯派（黃教）那樣分「康村」來治理，因此也無法安排鐵棒喇嘛來管理。漢族學區的堪布們只好擬定一個辦法，他們印了一本《苦口忠言》的學生入學手冊，要大家白紙黑字簽字，在佛前「發誓」不在留學期間行玩樂等事，如有違反，就是對活佛喇嘛說謊，會有很嚴重的果報！

　　我曾經為此請教了兩位當地的留學生，他們一致認為：漢人覺得當眾被責打太丟臉了，來這邊的都是二十幾歲以上的小大人了，有一定的自律能力，不需要像小學生一樣來教養，所以大家寧可選擇發誓。

堪布才旦的觀點：人性常犯的小錯誤打一打省時間好念書！

　　西藏佛教裡的規矩是，一旦拜了活佛喇嘛為師，就不能違背師言，否則來世就會下比十八層地獄還深的地方。堪布認為，藏人的習性喜好戶外生活，如果罰勞動服務，他反而更樂開懷，因為這樣一來就可以不用念書與自習了；如果罰錢，又不太公平，因為這院子的學生家境情況落差甚大，有些人根本不把幾十元罰金看在眼裡。鐵棒喇嘛的鞭打體罰短短幾分鐘，把犯的錯當現世報，馬上就消了，不必為了發誓而把犯錯的果報留到下輩子或地獄，此外也可用省下的處罰時間逼他們多念書，在時間寶貴的學院生活裡，這應該是最有效率的辦法。

　　其實，無論是色達還是宗薩的責罰方式，沒有誰對誰錯，因為環境與學生情況都不同，我想都是無可厚非的慈悲吧！

今夜，誰來接棒？

　　每年藏曆九月二十二日是佛陀天降日，也是每位學生最緊張的一天，因為晚上六、七點左右，誰被傳喚到堪布房裡，誰就是新任鐵棒喇嘛的人選。基本上，堪布會詢問對方的意願，被選中的人雖然可以當場拒絕，

賽巴寺的小活佛（右）與他的親教師住在同一間，
親教師除了幫忙煮飯、打茶水之外，
還得二十四小時負責監管活佛念書的情況。

（左）請假或是犯錯的學生，會在晚課共修時間出來禮佛懺悔，
速度快慢並不要求，心誠即可。

（右）色達出版的《苦口忠言》裡，
以紙筆簽名發誓的方式，要求無體罰的自律生活。

145

但是人選除了要返家或是其他因素之外，大多不敢違命。為了不影響他們的學業，所以任期以一年為限。同學們擔心一旦被選上就得留級一年來做事，不能回原班級上課。

　　我也曾經幻想過自己有沒有資格被選為鐵棒喇嘛？這個職位需要很強烈而無私的使命感與奉獻心，就算犯錯的人是你的好友，也得鼓起勇氣、大義滅親去責打他，這剎那間的慈悲很難言喻。我在藏區學院的日子裡，雖然沒有被打過，但是也看過無數人被打，不過並沒有任何人抱怨過鐵棒喇嘛。鐵棒喇嘛是藏族對佛教信仰的無形堅持，打是慈悲，罵是智慧，這杯水或許對人權組織而言是滾燙的，但你得親自來體驗一趟，才能品嚐知其中滋味。

若經常鞭打和教訓，就是牲畜也會聽話；
不用驅使而能自悟，就是聰明人的標誌。
——《薩迦格言》

第14話
那一夜，
老黑門口的
地獄

房門前，那一步，
我跨了好幾小時，
哭了整夜。

二○○七年十一月十日，那一夜的晚上，
我在堪布才旦的房門口無聲地哭著。
我想跨進那道門，卻猶豫了三小時。
堪布只顧喝著自己的茶，任憑我在地獄門口等待……

十月廿四日：你這個人怎麼愈來愈膽小了？

今天下午自習課時間，我被鐵棒喇嘛傳喚去大殿。院方添購了幾組音響，正在想辦法安置在大殿裡，堪布才旦也在現場指導。我認爲應該要放在大殿門口左右兩旁的大窗台上，但堪布說這樣音響容易被日曬雨淋，然後就直接要學生們把大揚聲器懸掛在大殿門口正上方。我急忙勸止說：「不！不！這樣太危險了！而且在門口空中放大物是很不吉祥的。」

我用了各種專業的理由，力勸堪布打消這個念頭。堪布卻冷不防的回了我一句說：「你這個人，啥時候變得這麼膽小了！」我聽了之後心涼了一半，心想：「好歹我也當過幾年大學的活動幹部與會長，不知道佈展過多少次，當兵時也是處理全隊大小活動的政戰士，你們居然不信任我的能力？」

廿五日：沒用的東西！

今天是學院一年中最盛大的「薩千貢噶寧波」法會，爲了拍攝好完整的過程，我以專業的精神先去請示堪布所有的流程內容，以便掌握住最精彩的鏡頭。但是堪布卻心情很不好的說：「你問那麼多做什麼！人家到哪你就到哪！人家坐哪你就坐哪！」我……，爲了大局著想，還是先忍著。

因爲晚上有辯經晚會，我靈機一動，想把從台灣帶來的螢光棒做成螢光藏文布條，可以掛在晚會現場，一定效果驚人！距離晚會只有一個多小時，我找了喇嘛幫我黏貼，完成後很興奮地拿去堪布那先請示一番。堪布還是面露不悅，但仍同意我找地方掛上去。當我找了廣場旁的二樓

這就是我用螢光棒拼貼成的藏文布條，上頭寫著「紀念貢噶寧波」。
現在回想起來，我還真蠢！

牆邊掛上去後，慘劇發生了！廣場燈亮了！往年不是沒有佈置燈泡嗎？怎麼今年有？可想而知，螢光布條算是白掛了。喇嘛們看了半天，不禁笑了起來。晚會結束後，堪布又罵了我一句：「你盡做這些沒用的東西幹啥！」

卅一日：**地獄序曲一**──前夜的衝突

　　明天又有一場大型法會「佛陀天降日」，我還是希望把這場法會記錄並保存下來，又去堪布那裡問了具體的流程。堪布卻以極度憤怒的口氣罵說：「不知道！我不管這些事！去問鐵棒喇嘛他們！」然後就要我離開。

　　我聽了這答覆不禁十分火大，邊走邊想：「我是好心幫忙，居然還這樣！您是學院的一家之主，不知道才怪！」我當兵時是政戰士，已經養成事事都提前跟隊長或長官報備與回報的習慣，誰知道這招在藏地根本沒用。沒關係！我要忍氣吞聲，這才是敬業的精神。

十一月一日：地獄序曲二

其一　清晨的講師離別

　　上午法會開始前，還有一件大事，就是學院有兩位小堪布要被聘請去青海任教。大約早上六點半，車隊和全校師生就在門口等了，而我竟完全不知道這件大事！我急忙去堪布那，堪布居然還裝糊塗說不知道。所有的人都在門口排隊了，您真的不知道嗎？

　　我是皇帝不急急死太監，然而堪布卻只是隨性地說：「好呀！」然後拖了半小時後才下樓歡送他們。此時我心裡感覺十分不是滋味，心想：「您栽培了十幾年的學生就要離開了，居然還這樣悠哉！」

其二　中午的開戰導火線

　　中午休息時間，我毫無保留地告訴堪布昨晚與這陣子一些讓我很不開心的事。堪布強顏歡笑的說：「這陣子是我最忙的時候，你不該來煩我的！你來了被罵，就是活該！」下午法會開始後，又爆發一件讓我很錯愕的事——今天有三位畢業生，他們突然上前來接受哈達的祝福，而我來不及拍下照片。

　　中場休息時，我急忙去請求堪布：「等一下上課前，可不可以請堪布跟那三位畢業生拍張合照作為紀念呢？」堪布隨口便同意了，我很興奮地告訴鐵棒喇嘛把那三位畢業生找來待命。我們就這樣站在大殿門口，連廁所都不敢去，為的就是等待十分鐘後的拍攝工作，找適合的拍攝角度。

　　時間到了，大家都在大殿門口靜待堪布進場。看到堪布準備要進門，我馬上衝上前去請示說：「是不是可以拍合照了呢？」沒料到堪布竟大聲斥喝說：「沒時間了，拍什麼拍！」然後轉頭就走，讓全校師生見證我出糗的慘況。那一瞬間，我差點想幹一件事：把堪布的單眼相機摔爆！

　　法會進行沒多久，我就先行離開，不想拍了。傍晚天黑時，堪布居然要鐵棒喇嘛來找我幫那三位畢業生拍合照。我忍住憤怒的心情，拍了幾張已經黑到不行的合照，邊拍邊想說：「天都已經黑成這樣了，拍個屁呀！活該！」堪布完全沒察覺我的心已經碎了。我回房後，哭了一個晚上。

二日：揮淚上山

我煎熬了一個晚上，決定收拾行李，休假期間到洛熱老師家去住，不想再見到堪布了。對我而言，這次的事件加上前陣子的誤會，讓我生起退轉的心，對堪布師父的虔誠與信心幾乎快瓦解。

「我這麼好心想幫學院做事，最後居然淪落到被輕視、數落的窘態……」「你們藏人喇嘛面對事情的態度都這麼消極，還講什麼慈悲心，根本就是木頭人教育！」「乾脆破壞學院所有的電腦，然後拍拍屁股回家鄉！」之後幾天我都在洛熱老師家胡思亂想這些事，一週過去了，堪布也沒派人來找我，真是冷漠至極！

（左圖）「天都黑了！還拍個鬼畢業照呀！」我永遠也忘不了這一刻！
當時我已經火冒三丈，還要強顏歡笑拍下這張最黑暗的照片。

（右圖）這一張照片是堪布真正生氣時剛好拍下的，
因為我上樓見他後就被責罵了……

十日：地獄之夜

　　我因為有事得回堪布的電腦房取回一些驅動程式，傍晚六點半時，我就偷偷回到堪布那，不小心被堪布撞見，他居然若無其事地問我：「幹啥？」然後轉頭就離開。

　　當下我實在很火，進了他房門口準備跟他攤牌。當時他正在用電腦，說：「你去哪兒了？來幫我看看這是不是病毒？」我心裡很不服氣，想到自己連日來受的委屈，覺得很受傷。我沒回堪布的話，只是慢慢退後到門外的柱邊上，靜靜地落淚。

　　過了半個多小時，堪布走出來要打茶水，撞到躲在黑暗柱腳中的我，嚇了一跳說：「喂！你幹啥？」原來他完全不知道我一直站在門口，我憤怒地馬上轉身離開。

　　我獨自坐在外頭，既想離開，又希望堪布會來找我，心中滿是矛盾。結果我呆坐了兩小時，一點動靜都沒有。這下子我是徹底失望了，原來我跟隨的是一位麻木的喇嘛師父，一點都無法體會大家的痛苦感受！

十一日：準備離開宗薩學院

　　早上我把自己關在房內，隔壁的好友南加來敲門多次，我都沒應聲。他們覺得情況不對，懷疑我出了意外，便拼命敲打門窗，打算破門而入。窗戶玻璃被打破後，他們看到我站在窗邊，我說我沒事，只是心情不好，請他們不要理我。他們就默默離開了。我在作最後的打算，行李也已打包好了。

　　我心裡盤算著：「如果堪布今晚不能解決我心中的疑慮，我就從此離開宗薩，不再回來！」於是我帶著談判的心情去了堪布房門口。堪布見到我，心照不宣地說：「來吧！」他應該已經嗅到我的火藥味了。

決戰！堪布門口的地獄

　　我在門口遲遲不想踏進去，前半小時，堪布還很納悶地呼喊我進去，

但我始終不理會。跟昨夜一樣，我又站在相同的柱腳下，這個走廊沒有開燈，我宛如活生生待在孤獨地獄一樣。

我的內心正在天人交戰，很想罵完人就走，但是內心深處又十分期待堪布能原諒我。我現在就踏在夢想大道的終點站上，進去後只有兩個選擇：一是留下；二是永遠離開這個讓自己徹底失望的地方！我就這樣枯站了三小時，始終無法跨出那一步。

三個小時後，堪布放下手上的經書，打破寂靜，對我說：「你，進來吧！」

我開場第一句話就是：「為什麼你們喇嘛看到別人的痛苦都沒有反應？」堪布說：「你應該知道自己的痛苦必須由自己來解決，沒有人能幫助你！」我說：「我的痛苦是您造成的！」堪布說：「那我應該跟你道歉！是我錯了！對不起！」堪布說完，便無奈地向我點頭。

我一聽到堪布說這句話，止不住鼻酸，淚水潰堤而出，久久無法自己。因為對佛教徒而言，接受活佛師父的道歉是多麼造業的事呀！但是心中又滿是對西藏喇嘛消極心態的疑惑與不解，實在很不甘心！

堪布解釋說：「你應該知道，在這所學校裡，沒有我沒罵過的人，這是很正常的，你不要放在心上。因為這個院子的學生都不會放心上，所以我罵了之後，也不會去擔心他們會不會難過的問題。」

「不是被罵的問題，是您的問題！」積壓在我心中的怨氣終於傾巢而出。

堪布說：「那你想說什麼，就說吧！進來！坐這！」堪布看我又哭著不說話，便客氣的說：「如果我做錯了什麼，你想罵我或是打我，我都接受。這裡就我們兩人，你想打想罵就來吧！我會接受的，以後也不會再犯錯了！」聽見堪布這樣無辜的道歉，我真是心如刀割，不罵也難過，罵了之後更想自殺！堪布一直求我說：「你有什麼建議就直說，對我而言會有很大的幫助。」堪布一直解釋他罵人是大家都習以為常的事，沒什麼大不了的。

我終於提出了第三個問題：「那是因為在大家心中，您是尊貴無比的喇嘛師父，根本沒有人敢得罪你！」堪布低著頭說：「對對……」我繼續說：「在外面的世界裡，不管您有什麼活佛、堪布的頭銜，都沒用！您知道那種學了佛法卻用不上的痛苦嗎？」堪布說：「我明白，但是我就是做不到！」

　　我回話說：「那你們喇嘛念學院、修法做什麼！」堪布說：「我早就跟你說過，我不是什麼活佛上師，我只是一位普通的喇嘛。當初你求我當你的師父，我也勸你不要了！你就是對我期望太高，所以才會導致今天的痛苦！而且我是個脾氣很壞的人，無法控制自己的言行。我只是希望能好好管理這院子裡的學生，其他的就無能為力了。」我聽了之後，馬上舉出學生偷玩電腦與手機等事，不知反應了多少次，卻始終沒有解決。

　　堪布說：「我有想過，但是真的沒辦法處理！」我說：「您是這院子最大的人，您都沒辦法了，又有誰有權利改善？」堪布告訴我：「當初是我的師父堪布彭措朗加選我這位普通學生當接班人，我這種無能的人接下了這家百年老店後，壓力實在很大！你是無法明白這位子有多苦的！」

　　堪布聽到我邊聽邊哭，又一直勸我到他身邊坐下。我一股腦地告訴了堪布這幾天所發生的事，讓我有多麼難過。堪布說：「如果我每次都對你說些安慰、好聽的話，你認為對你有好處嗎？」接著又說：「我相信你做的事，但是拍攝畢業照這件事是從來沒有過的，我當時很忙，也不知道怎麼處理。」

　　話就這樣聊開了，我們又聊到整個教育制度的盲點。堪布只說：「我做不到的，並不代表你做不到！我已經老了，未來只能靠你們了！我從不跟學生談情感或心情方面的事，那是他們自己的修行課業。我只關心他們在這學校一天，就要認真學習一天。將來他們畢業了，也為人師表了，能回頭叫我一聲老師，我就心滿意足了。就算不叫也沒關係，我無所謂的！他們去哪？做什麼事？我從來不會過問，我的能力就只能做到這樣。」

　　我終於又哭又笑的頂嘴說：「您怎麼跟我爸的脾氣一樣，倚老賣老，老了就不想改變自己！」聊到最後，我才知道，原來我認為的大事，對堪布而言是最無關緊要的小事。堪布對我說：「你應該學會怎麼體諒別人，而不是用自己的習慣去要求別人。」

　　最後，堪布問我說：「我們都是凡夫，每個人、每個民族的思想與習慣都不同，一切要隨緣，不是嗎？隨緣……是這個意思吧！要順應眾生而高興的去做，不是人家要你吃大便，你就勉強去吃！（笑）」

　　後來堪布知道我生病了，特地拿了一盒補胃腸的藏藥，要我進去拿來吃。為了進門去拿，我才跨越了那道阻礙我一整夜的門檻。我蹲在堪

布跟前，恭敬地拿了堪布給的藥，那一刻，藥還沒吃，我已經明白心中的病已經被堪布治好了。

回想起來，如果堪布當初沒有罵我、不理會我，我就永遠不知道自己的內心深處躲著這樣高傲的小惡魔，無論堪布是有心還是無意，佛菩薩們還是讓我留下來了。

這次事件之後，堪布並沒有因爲怕我又哭了，所以假裝對我客氣，反而更像自家小孩一樣，該罵的時候就罵。上次被罵，我氣了十幾天；現在如果我早上被罵，心情不爽，中午之前就會去他面前主動道歉。我們幾乎無所不談，我這才感覺到什麼是心心相印的信任感。

你抓住的是夢想，還是執著？

無論是佛教、回教、天主教、還是任何宗教信仰，最大、最無法超越的高牆，就是把所信仰的對象視爲最完美的形象，因爲這往往得經過重重現實的考驗，才得以成真。

知名的新加坡電影《跑吧！孩子！》的故事最後，一對家境貧窮的姐弟爲了得到一雙新鞋，不惜代價去參加比賽而奮鬥努力，最後果然得到白白亮亮的新鞋了！但是在回家的路上，他們走到了一處每天必經的泥濘路，心想：「沒有鞋子的時候，我們知道問題在哪；現在有了鞋子，我們還知道自己的問題在哪裡嗎？」

那對姐弟得到白鞋，就像我踏上夢土西藏一樣，爲了悍衛這份得來不易的夢想，不願任何骯髒與矛盾來污染它，好像只要取得夢想，一切萬物都得聽自己的話，殊不知這是如影隨行的執著。如同電影裡那條漫漫泥濘路，它從來就不是新增的險路，而是生命中一直注定會存在的歷煉。

後篇

雪域窗外

窗裡窗外進出僧俗之間，
同一杯茶，同一片天空，
「出世」與「入世」
就像飛向淨土的一對翅膀，缺一不可。

赤乃彭措正假裝要
親他的侄女巴姆

藏人最喜歡問遠方來的朋友：
「切呷薩Ａ越？」（你有愛人嗎？）

赤乃彭措（洛熱老師的小兒子）有一次就這樣問我，
我害羞地回答說：「沒有！」
他逼問：「少來！一定有！有很多位吧？快說！」
「真的沒有嘛！」我無奈的說。

我情急之下就說：
「昂那森間湯借呷薩個！」（我愛的是一切眾生）

赤乃彭措瞪大眼睛，微笑著比出大拇指說：「說得太棒了！」
他雖然知道我在找藉口，
但還是十分訝異我會說出這麼經典的答案。

第15話
草原上的
NATURE
HIGH!

誰說成佛之道只有在佛堂、課本當中？

ᠵᠤ

被藏式熱情所感動的高中宅男

　　二〇〇四年初訪宗薩時，隨行的陌生旅客中，有一位高中男生讓我印象深刻。他也是第一次來西藏，發現這裡沒電、沒電視、也沒電腦，整個人悶到不行，一直急著想回台灣家裡繼續玩他的遊戲，但是他的親戚不讓他這麼快走。後來我們一行人到神山上去露營幾天，當時因為路途遙遠，所以每人要租借一匹馬和馬伕，而他的馬伕剛好是位年輕的西藏男子。馬伕沿路上一直逗著他玩，唱歌跳舞，東跑西跳。等到爬上神山頂上，需要經過一段懸崖險路時，他不敢走過去，那位皮膚黝黑的馬伕就緊緊握住他那雙有點肥胖的手，對他說：「來！我會陪你走的！」（請勿聯想成西藏版的《斷臂山》情節……）

　　然後，馬伕就一步一步帶著他走完山路，一起經歷那段險程，然後宅男就這樣忘了沒有電玩的痛苦，一路笑到最後，離別時還依依不捨。這就是所謂不插電卻能電得樂開懷的 Nature High（不假借藥物等人為產品而感到的自然狂悅）！西藏人就是這樣，在花花草草、山山水水之間都能開心玩樂。

台灣宅男學生和藏男大手拉小手開心同遊，拋開都市的曖昧與偏見，回歸最原始的感覺。

「月休半日」——沒有週休的娛樂

在西藏雖有「星期」的藏文，但生活上用不太到。除非到銀行、學校等公家單位辦事才需要留意，否則基本上都是以西藏的曆算日期為主。每月有幾天是佛菩薩的修行日，或是每年的某幾天有特定的紀念日。

總之，正因為沒有週休二日的概念，所以藏人多半不是定期休息的，各單位會不成文的規定藏曆某日是郊遊日，四川話稱作「耍壩子」，就是到河邊、草地上去野餐。在平日，一般中老年人常在工作之前或是結束之後，去繞當地的佛塔，殊勝的日子就會去轉山或是繞寺院，運動兼作功德。

學院每天的休息時間當中，就屬午自習前的下課時間最長，雖然僅僅只有四十五分鐘左右（要視辯經課何時下課），但這時大部分學生都會到校外河畔邊的草地上野餐、去河邊洗衣服，或者互相剃頭，非常愜意。

學院學生們想放假的心情，絕對不亞於台灣當兵弟兄等著放週末假的情況，因為他們只會在藏曆每月的初十五與三十這兩天休假，而且因為早上有「布薩日」（喇嘛們懺悔自省的法會）活動，所以只能休下午幾個小時；也就是說，一個月兩次休假時間加起來不到二十四小時，根本比監獄還嚴格。

這樣短暫的休假時間，他們要怎麼玩呀？不可能去外縣市參訪寺院，也無法去聖地朝拜，因此到校外的河畔野餐便成為首選之舉。雖然目前當地已經有了電腦等科技娛樂，但是藏人們似乎不太受影響，草原上的趣味仍是藏族育樂文化的王道。

住持堪布也都經歷過學生時代的心情，所以特地准許他們在特定範圍內（公園或是河邊對岸的草原上），換上一般的運動服，自由進行各種體育與娛樂活動；冬天時還能到附近的一處天然溫泉泡澡。（天然溫泉？沒錯！宗薩真的有很多好地方喔！）

早期因為學院與街上並沒有可以洗澡的地方，所以喇嘛們只能在河邊洗真正的「天浴」。他們當然不會全裸，而會穿一條四角褲或裙子來乾洗。他們會找有矮樹遮掩的地方，冰涼的河水來自雪山，所以應該算是養顏護膚的天水吧！後來學院旁邊的招待所建了一處公共浴室，洗一次熱水澡五元，喇嘛們就可以比較輕鬆自在地洗澡了。

年度康謝「夏嬉節」

「夏嬉節」在當地的藏語唸成「呀細」（康巴音）或是「呀季」（玉樹音），意爲「夏宴」。通常藏人會找塊草原，搭帳篷，然後舉辦各式各樣「無目的」的純歡樂活動。各地舉辦活動的時間都不一樣，宗薩寺的夏嬉節安排在七月底的最後一週，而康謝學院通常在每年藏曆四月二十五日到五月一日（大約西曆六月中旬左右）之間舉行。

無論是寺院還是學院的夏嬉活動，每天都會安排演出節目，屆時整個麥宿地區的村民都會來此聚會，甚至德格縣城的鄉親父老們也都會搭車前來捧場同樂。

每天晚上的晚會表演是最精彩的，會場是一個超大的藏式帳篷，由大大小小的喇嘛們親自變裝演出各式各樣的西藏主題戲劇，都是即興編排劇本與設計劇裝，衣服與器材都是臨時向鄉民們借來的。學院方面則是由各年級自備活動，晚會時大家都會不顧形象的忘情演出，《濟公》和《西遊記》都是常見題材，只不過是全藏語版本。大家同樂的歡呼聲迴盪於整個天空，從校內宿舍到山上的寺院都可以清楚聽到。

宗薩學院雖然是個戒律嚴格的學校，學生們除了很會念書，相對的也很會享樂。堪布說：「無論是休假玩樂還是上課自習，有沒有收穫都看你自己。」

大家揮揮手，一起改變歷史的鏡頭！

夏嬉假期有個重頭戲就是拍大合照，因爲過些日子後就是學期末了，在暑假時很多人可能因畢業或肄業而各奔西東。最主要是因爲只有在這個時候，大家才敢請活佛堪布們一起來合影紀念，但是此時我卻察覺他們個個表情嚴肅，發現要讓這些喇嘛們高舉雙手、High 起來拍張歡樂的合照，可是件難事！

傳統的西藏喇嘛每次跟活佛、仁波切這些大師父合影時，基於虔誠與恭敬心，根本就不敢輕舉妄動，頭都是低低的，就像做錯事的小孩一樣眼睛瞪著前方，身體緊繃，因此每張照片拍起來都大同小異。

「大家舉起手來！」我站在前面一個木桌上比手劃腳說：「來來來！

藏人的笑點很低，西藏各地的平日耍壩子或是大型慶典，
一些簡單的表演活動如唱歌、賽馬、比比誰的力氣大（抱石頭、二人拔河），
就能讓他們笑半天。藏人們玩得很原始、很簡單。

大家把手動起來！」只見每個喇嘛都左顧右盼，覺得這樣做很尷尬。我不放棄的繼續慫恿他們：「快樂一點嘛！大家比個勝利的手勢吧！來！像我這樣子比……」每位喇嘛還是抱持觀望態度，左顧右盼。

後來堪布才旦不忍心讓我冷場，就帶頭喊話並舉起手揮了起來！哇！他這個小小的舉動，可真是跨出了該院史上的一大步！要讓藏地傳統且尊貴的喇嘛上師這樣揮手，可是不簡單且不太好意思的事！既然老大都這麼做了，旁邊的學生當然就沒在怕了，開心地拍下了十分經典的大合照，這樣改寫了歷史性的一刻，大家驚呼連連。

不僅這次拍出了超活潑的鏡頭，我事後還用電腦繪圖把這些照片添加藏文的美工造型字，或是製作成可在電視播放的影音光碟，當他們收到這些紀念照片或光碟時都感到非常驚喜！這些技術對現代都市人都是輕而易舉的，但是小小的改變，四兩撥千斤，效果十足！堪布看了照片後笑說：「你已經將他們生命中最快樂的時光保存下來了！」（耶？這次堪布可不是說「吉卡若」喔！^Q^）時光匆匆，既然要留念，就該快快樂樂的拍下最感動的照片。自在的快樂就是最美的莊嚴，不是嗎？

為什麼我的假期一直 High 不起來？

藏區的假期和都市一樣，快樂的時光總是來匆匆去匆匆，雖然我很開心地幫他們拍了很多有趣的照片，但是對於我自己的假期，通常覺得不怎麼快樂。

幾年來的例假日，我只有跟團露營過兩三次。因為放假的時候，我通常得到宗薩各處辦公室去維修電腦或是處理檔案，而且在前一天傍晚就會被老大們預約了。這樣的情況也常常發生在其他藏區的外籍留學生身上，因為怕做事（認為自己是來修行的，不是來工作的），感覺上是被寺方利用了，所以很多人都寧可再另尋更好的清修之處。這樣的問題我當初也掙扎了好一陣子，最後才隱約在堪布與洛熱老師身上找到答案。

老黑堪布因為是住持教授，身分相當尊貴，所以不方便到校外去與學生同樂。為什麼呢？因為大家看到他就嚇傻了，都要彎腰行禮站好，根本不敢放開心情玩，所以慈悲的堪布在任期內幾乎都孤獨地守在校內房內，接見一些客人，或是到屋頂繞圈散步，平時的自習課時間還要去

我為他們拍下了一系列打破傳統保守表情與動作的歡樂大合照

電腦教室督導藏文排版工作，自己也要忙著校對工作。偶有寺院或是活佛的邀請，才有機會到外頭走走。

沒有訪客時，我常待在堪布身旁，邊修電腦邊聊天。每當我問他問題時，得到的回答總是千篇一律。例如問：「您最想去哪裡旅遊？」答：「沒有！」問：「退休後想做什麼？」答：「不知道！」或「沒想過！」總之就是一問三不知，經由多次的實驗證明、旁敲側擊地問了堪布一些心事，發現他真的不是在裝傻，而是確實沒想那麼多，也從沒抱怨過這樣沒假期的日子很苦。堪布每天就是坐在房間喝茶、看看書或發呆，每天上課跟學生問答，跟學生一起辯經，就夠開心了。

而洛熱老師的假期呢？因為他是管理寺院的老大，所以自由活動的時間比堪布多一些，但是他從年輕開始蓋廟蓋到現在頭髮都花白了，也沒見他在計劃退休後想去哪玩樂。休息時間也都是隨地找個地方小睡一下。無論是寺院還是學院的繁忙工作，對他們而言都是發自內心的奉獻工作。曾經有朋友質疑我是否被他們利用了？但是我覺得這是出自於在都市複雜生活中所產生的自我武裝、防備心態，其實在藏區是很單純的，不需要想這麼多。

堪布對我說：「沒有人會逼你修電腦，我們也不會因此趕你走，你自己量力而為就好。」我回答說：「可是我常常去幫你們修電腦，就沒辦法專心學藏文呀！」堪布又問：「你在台灣閒閒沒事做的時候，難道就有利用時間好好用功念書嗎？」耶……當然沒有！很顯然地，我自認為可能被利用的藉口就不攻自破了。我在休假時一直想著工作事，在上課時又一直想著休假事，說穿了，是我的「執著」綁架了自己。

下課時間我常跟堪布聊天，從中習得一些新觀念，算是我最快樂的事。我維修他們的硬體，堪布藉由聊天來為我的「心靈軟體」殺殺煩惱病毒，算是我苦悶休假日裡最好的收穫。

對於只來藏區待幾天的遊客而言，放下手邊的念珠、筆記型電腦與手機，跟西藏人一起在草原上狂歡並不是難事；但是當你哪天真的來藏區長期定居，如影隨形的工作習性與壓力便會逐漸浮出水面。能像藏人一邊蓋房子、夯土一邊歡唱，算是真正學到西藏版的樂活精神吧！

第 1/6 話
阿爸與
阿媽

西藏沒有孔孟倫理書，
為何能以孝傳家？

　　「阿」是藏文字母最後一個字，他們認爲人一出生時，第一聲叫的是「阿」聲，各國的主要拼音母音也是「阿」，而藏人最討厭的烏鴉每天盤旋在屋頂上，叫聲也是「阿！阿！阿！阿～阿～」因此，藏人認爲「阿」聲是萬物之源，因此就在親人的稱謂上以阿字爲頭，如「阿爸」、「阿媽」、「阿布」（哥哥）與「阿佳」（姐姐）等等親戚名稱，都是這樣的命名規則。而藏文的「家鄉」爲「帕域」（Pa Yul），字面意思就是「父境」，即父母親所在之處。由此可見，在藏人心裡，阿爸與阿媽的地位在藏族社會裡是很重要的。

遇見宗薩的「父母」們

　　剛從外地辦公回來的洛熱老師，坐在客廳的藏式床座上。師母做的第一件事就是幫他準備專屬的個人臉盆與盥洗用具。洛熱老師一伸手，師母就會從塑膠寶瓶中倒溫水給他洗滌，宛如古代生活一樣。

　　師母很優雅地協助他完成整個盥洗動作，早晚盥洗或是吃飯都是一樣的服務。在外人眼裡可能覺得老師很大男人主義，但是我從來沒感受到師母言行中有任何不甘願之意。整個畫面非常有倫理之美。縱使師母沒空，也會由其中一位女兒來代勞。

　　由於洛熱老師年歲已大，無法久行，若要外出，都是打一通電話給兒女們，孩子便馬上開車來接他。除非真的人車都不在，否則沒有孩子或親戚敢推辭不來。光是這一點的絕對服從，就是生長在漢地的我們顯少能做到的。藏人認爲這些服務是應該的，父母除了對孩子有養育之恩外，還要工作並爲寺院或社區服務，孩子們反過來爲父母代勞這些家務事，又有什麼好抱怨的呢？我心想，會不會是因爲洛熱老師的身分比較特殊，所以只有他們這一家人特別孝順父母？但幾年來我家家戶戶串門子下來，才發現孝順是藏人普遍的現象。

　　在洛熱老師家另一端不遠處，是宗薩學院院長堪布彭朗的家。說是家並不太對，因爲堪布已經出家了，但是他和家人住在一起並不是眷戀家人，而是爲了照顧年邁的母親。堪布彭朗並非麥宿本地人，而是從小跟著師父老堪布貝瑪當秋來到宗薩寺學習，學有所成之後，便把遠方的母親接過來安養，由堪布的姐姐與親人照料家務事，因此只能說這個家

洛熱老師跟他最小的女兒曲嘎一起躺在床上休息。藏人父母與孩子之間的關係是既嚴格又親密自在的，孩子平日會幫父母倒茶與辦事，把父母當成國王一樣來奉養，但是也會隨意的和父母同躺在一張床上聊天或休息。

是堪布暫時的安居所。

　　第一次在堪布家中見到他的母親，留著跟出家尼師一樣白花花的三分頭，身穿傳統藏服，身體相當健朗，能用拐杖行走、繞佛塔，口中默默誦著佛號。有幾次我去拜訪堪布，堪布還沒回來，我就先坐在客廳等著。當堪布一回家中見到母親，一位四十多歲的人突然就變成個大孩子似的，從背後深深地抱著母親，然後說些問候平安的話語，幫她擦一擦模糊的老花眼鏡，加件衣服，這樣感人的情景常常可見。他們之間的關係既親密又不互相牽掛，老母親不會在意她的孩子去了哪裡弘法，多久才會回來。堪布有時候幾個月、甚至一整年沒回來，也絲毫不影響他們的親情。

　　至於堪布才旦的父母和親人們，則已往生多年。堪布目前只剩下一位弟弟和一位已出家的妹妹，每隔多年回家鄉探訪時，才有機會再相見。

藏人的字典裡，父母跟偉人同義

　　在我還沒認識宗薩的藏人們之前，我的人生字典裡從未把父母跟偉人畫上等號。父母親情雖然偉大，但是子女通常不太可能會把父母當成名人、偉人那樣看待。縱使他是總統、縣長、校長、還是什麼委員，社會地位再高，但能打從心裡真正尊敬父母的孩子並不多見，有些親子甚至還反目成仇。西藏詩書裡並沒有孔子與孟子，他們的倫理道德觀念都是從歷代喇嘛大師口中代代相傳的。儘管他們不需要背那些教條，有很多藏人甚至是不

識字的文盲，但是孝順的言行居然能實踐得比以儒家當招牌的華人社會還好，只能說孝順的基因早以深埋在藏人的骨子裡。他們每天透過揉糌粑、打水、砍柴等等各種生活大小事來做機會教育，讓孩子們直接耳濡目染佛家所教導的孝道之禮。

降用彭措告訴我，父母在藏人心中如同喇嘛一樣具有絕對權威，孩子不能頂嘴或是責怪，父母要求的事若沒做到就是不孝。更重要的是，要求父母去幫你做事、幹勞動（順路買東西、辦事無妨），更是不孝，可謂天理不容。他們認為一個人縱使修為不好，在外偷盜、搶劫做了很多惡名昭彰的壞事，仍不及欺負自己的父母來得邪惡。他們常講一句順口的髒話：「帕若啥究！」（去吃父親的屍體！）意思就是侵犯父母是最惡毒的壞事。

因此，若你有機會到藏區，千萬不要找中老年藏人來幫你挑水、背東西、洗衣服或是買東西，除非對方是主動幫忙，否則不要有使喚傭人的口氣與動作。縱使因為語言不通而產生誤會，例如把你的東西弄不見或是弄髒了，如果破口大罵，事情很快就會傳開來了。

常有來宗薩的漢人或是洋人背包客發生這種得理不饒人的情況，這時就算你是對的，只要你罵了藏人的父母，你就是錯的，而且很可能被列入不受歡迎的黑名單。哪怕你是位有錢的功德主，供養寺院活佛喇嘛多少錢，只要你犯了「傷害父母」（自己或他人的）這一條藏文化的戒，就會發現當你走在藏區路上時，連路邊的犛牛都會瞪大眼睛鄙視你。

令漢族法師難以理解的喇嘛親情文化

通常漢族的佛教徒一出家後，馬上就得改頭換面，他可能會告訴自己的母親說：「阿彌陀佛！這位『師姐』，從現在開始我不是你的『小明』，請稱呼我為（上）大（下）明法師。」當然對佛經戒律而言，這樣的分界是應該的，但是基於人情之故，大部分的法師私下與父母相處時，並不會如此絕情，只不過僧俗之間總感覺有一道無形的高牆存在。

相較之下，西藏喇嘛無論是不是有受出家戒，他們在家鄉路上隨口叫一聲爸媽，總是如此自然。他並沒有藐視戒律與威儀，而戒律與威儀也從來沒有在他身上消失。佛說出家就是遠離家鄉斷煩惱，勸導佛弟子

們要遠離親朋好友所在的地方，到安靜的山林裡去修行。當然，西藏佛教徒絕對同意這種觀點，只是藏地以往是政教合一的地方，喇嘛人口眾多，與家人、社會的關係密不可分，真正能到山中隱居的畢竟是極少數，但是並非不隱居就代表修行不好。

一般人會誤認為學佛最終就是走上拋家棄子的消極避世生活，然而西藏幾千年傳下來的佛化家庭教育實例，就足以打破這個迷思。儘管喇嘛人數很多，但仍然處於社會平衡的狀態，僧俗共融卻又不互相牽絆，亦不違佛法戒律，一切都是既平衡又自然。不過也別擔心這樣的情況會變得像日本佛教一樣，大多數的和尚幾乎都有家庭也有老婆。西藏這裡會將家人帶在身邊的，都是以年歲已高、需要被照顧的家人為主，或是家中有學齡前的小侄兒，帶他們到寺院中自己的住所來做人格養成教育，督導他們學習。

西藏僧俗共融的感覺乍看很世俗，相處之後又覺得很出世。年邁的父母親每天在寺院裡繞塔、瞌長頭、持咒語，跟出家人的生活沒兩樣，父母學習、教導給孩子的，都是喇嘛曾教給父母的內容。

縱使有一天，自己的喇嘛孩子到深山裡去閉關修行了，父母也會千里迢迢背著糧食去護持他。父母往生時，喇嘛孩子也會想盡辦法恭請大喇嘛來家裡，一起親自送父母最後一程。總之，無論是入世或是避世的選擇，對藏人而言，都不會把自己修行不好的藉口推託到父母身上。

（左圖）我偶然拍攝到的鏡頭：一位小喇嘛扶著一位老阿嬤上階梯。
（右圖）這是洛熱十位小孩當中最帥的小兒子赤乃彭措與他的妻兒，他也希望能生上「一打」孩子，願每位孩子都能像他阿爸、阿媽一樣深信佛法。

未來的第二代藏人父母

　　二○○九年二月初，堪布彭朗剛從台灣弘法回來時，飛機才剛抵達
內地，卻得知母親病重的消息，他深感不對勁，晚上不敢睡，連夜驅車
回到宗薩，終於來得及見母親最後一面。堪布與寺院喇嘛們親自爲老母
親做超度，他將母親安葬在宗薩寺入口路旁的山坡上，每次進出都能望
見。但是我相信堪布的母親並沒有安息在那塊土地上，而是早已在淨土
中了。

　　洛熱老師的十個小孩，除了一位出家當喇嘛外，幾乎全都成家立業
了。四個兒子中最小的赤乃彭措，年紀跟我差不多，也已經生了一個娃。
另外兩位文化程度最高的女兒扎西拉姆和曲嘎差不多也該結婚了，但是
他們爲了節省經費，決定低調「裸婚」，沒有花錢，只在雙方長者見證
和一份合法證書下，極簡完婚，夫妻住在一起，就算成親了。

　　由於他們生長在佛法家教甚嚴的家庭，所以我認爲他們下一代孝道
的觀念，應該不至於落差太大。至於其他已經漢化或洋化的第二代藏人
家庭，就很難說了。目前新式教育普及，藏人在佛法課程之外，有了科
學、理論、權利等等新觀念，還要加入各種考試，好跟外人競爭。以前
藏人的娛樂活動是跟父母一起轉山，現在是一回家就想看電視或是上網
聊天。在這時代巨輪的軌道之下，既然西藏最後也可能走向如都市人一
樣淺薄的家庭文化，那西藏的孝道一樣也經不起考驗吧？當然不是這樣
的，因爲藏族的孝道觀念是從佛法教育而來。因此只要佛法還在，在世
界各地都能仿傚同樣的佛化家庭生活，不是嗎？

　　遇見近乎完美的「阿爸」洛熱彭措與了解到西藏佛法與孝道之間的
密切關係後，當我回頭看看自己不夠孝順父母，要我視他們如尊貴無上
的佛菩薩一樣，真的超難的！我突然覺得自己的成佛之道遙遙無期……

第 17 話
隨遇而安的
西藏醫生

他們無論走著、坐著或是躺著，
隨時都是大家的健康靠山。

華人都知道醫院、中醫院或是各種民俗療法，就是沒聽過「藏醫院」。我第一次告訴別人，很多人都聽成：「什麼？你在『葬儀院』喔？誰死了？」聽了之後真是讓我囧很大。藏醫院就是西藏醫院的簡稱。藏醫在藥材方面與看診方式比較類似中醫，但是依據的經論不同（例如，西藏的佛典《四部醫典》），內容迥異，自成一格，算是一門由佛教科學衍生而出的養生醫學。一般人對醫院的概念，是先去掛號，或是先預約主治醫生，然後再到診斷室去看診。但在宗薩藏醫院卻不是這樣的規矩，醫生不見得在醫院裡，而是到處跑，只要在醫生家裡遇到了，或是在街上遇到了，都可以就地幫病人把脈看診，然後隨手給你寫個藥方，讓你自行去藏醫院取藥，所以藏醫也是講求醫藥分家的。

藏醫院院長洛熱老師是個隨性自在的長老，他工作累了，在家裡的椅子上隨便一躺就睡，在藏醫院外面的草坪上臥了就睡，甚至在辦公室裡，眼睛酸了就直接在地板上睡了。儘管如此，只要有病人來，無論他再累，都會起身看診，不消一兩分鐘就能判定病情，可以說是神醫。

從不收掛號費、診療費與手術費？

宗薩藏醫院可說是當地的私人健保單位。喇嘛就醫免收任何費用（包含二至三天份量的藥品），低收入戶僅收成本價。無論任何手術或是外傷包紮，通通全部免費。不僅如此，藏醫院雖然晚上會關門，但卻是二十四小時待命服務，一旦半夜有急難通知，他們會馬上起身去看診。這差事從洛熱輪到了其美多吉，最後輪到了四兒子赤乃彭措。

西藏早期交通不發達，去一趟山谷須騎馬或步行，等到了目的地，有時對方早已回天乏術。雖然很令人遺憾，但醫生還是會安慰並叮囑家屬，儘快安排喇嘛來助念超度。亡者家屬也會準備餐點，讓大老遠來一趟的醫生吃飽了再離開。藏人看待生死的態度就是這麼泰然。

二十多年不漲價，他們靠什麼吃飯？

這樣免費施予百姓們醫療救助，但是藥價仍跟二十年前一樣，同行

（左圖）宗薩藏醫院位於當地主要道路的入口處，由於環境優美，完全不像醫院的樣子，常常被誤以為是宗薩學院，也算是洛熱老師迎接賓客的第一站。

（右圖）宗薩藏醫的醫袍很有特色，是洛熱老師設計的。白色是西藏吉祥的顏色，領口是參考藏裝的樣式，帽子相當可愛，前後左右上方都有一朵彩色的花，在其他藏醫院看不到，五種顏色的花象徵藥師佛，各有深奧的佛法意義。

都已經提高好幾倍價錢了，宗薩藏醫院卻堅持不漲價。由於藥材都是直接在當地藥山種植與摘取，所以沒有成本不堪負荷而需調漲的問題。據說宗薩藏醫院的藥材費是西藏地區最低價的，但是並不表示藥材品質差，其藥品皆完全遵循古法研製，每次製藥時也都會恭請寺院喇嘛們來修法加持，可說都是貨真價實且具有加持力的古老藏藥。

　　宗薩藏醫院每月平均救治五百多位病人，要為八個鄉六十個村莊二萬人服務，卻僅有五名醫生每天二十四小時工作，隨時出診。所有的車費、油錢與路費皆由藏醫院自行吸收，病人不用出一毛錢。免費的藥加上免費看病，如此沉重的負擔，使得藏醫院一年僅有幾萬元利潤。這還不包括洛熱老師把自己大部分所得捐給寺院買法會用的供僧食品、耗材器材。我真是不敢相信他們是怎麼辦到的？

　　後來隨著西藏人口逐年增多與物價上漲，藏醫院的負擔也愈來愈沉重，所以他們只好將生產的藏藥與藏香儘量擴展外銷到各地，如此一來，收入與支出才終於勉強可以平衡。問題來了：藏藥不漲價的主因是因為藥草產自當地，所以成本可以壓低；但是購買和維護製作藥品的機器和設備，費用卻是很高昂的。「物價提高了，藥不漲價怎麼行？」當我提出這個問

題時，副院長扎西拉姆很氣憤的反問我：「物價雖然漲了，問題是人民的生活條件並沒有因而變得更好，還是和以前一樣。如果藥價也調高了，難道要讓沒錢看病買藥的人病死嗎？」我覺得自己好像誤踩地雷，民生的問題如果再追究下去，大概就得談到不該談的政治問題了。

雪域醫生難以醫治的「文化病」

一開始聽到西藏竟有這麼好的醫院，就像雪域天堂一樣，醫生隨時與藏民為伴，藏人也都是無病無憂的樣子，多麼和樂融融呀！後來一聊之下，發現百姓缺的不是好醫生，醫生苦惱的也不是棘手的絕症，最大問題是藏人的觀念，在文化交替之下所產生的雪域文化病。

藏醫生們不一定二十四小時都待在醫院，
只要你在任何地方見到他，就能馬上給他看病，開藥方，
而高原山川上也常是他們的醫學教室。
洛熱老師有時候累了就直接在藏醫院辦公室的地板上隨意躺下休息。

漢藏心結後遺症：

藏醫歷史雖然博大精深，但由於其歷史斷層連連，一些高明的手術早已失傳，以致許多疾病是藏醫無法醫治的，必須配合西醫的技術。但是藏人對此卻多半不領情，自從歷經了文化大革命之後，藏漢之間因爲歷史所產生的民族心結始終是個難解的問題，傳統藏族中老年人不願吃漢人做的西藥或中藥，甚至寧願病死，這些實例都曾經在麥宿當地發生過，但是也僅只於老一輩的藏族了，年輕一代的藏人不但不討厭西藥、中藥，而且還可能勝於藏藥。

不能隔離父母的傳染病：

藏人最容易傳染結核等慢性病，除了環境衛生條件不佳之外，最重要的根源來自藏人的家庭觀念。之前說過了，阿爸與阿媽在家中的地位是最尊貴的，因此，縱使他們生病了，也不能認爲父母的碗是髒的！如果子女不和父母共用碗筷、隔離他的話，就是瞧不起父母，如同把父母當狗一樣關起來，是相當不孝的行爲！就這樣，傳染病也就無法杜絕了。

卜卦盲信病：

另一難關是：不只孝道的觀念導致了錯誤的醫療方式，喇嘛的信仰也是文化的死角。有些重病的患者必須轉往漢地的大醫院動手術，但是深信緣起的藏人們，一定要先請活佛喇嘛來卜卦算命，算一算他們去留的運勢。如果算到此行是不吉祥的，他們就會深信喇嘛的話，堅持不去，而寧可留在家鄉，在自己最信任的喇嘛師父面前死去。大部分的活佛喇嘛有時並不知道弟子會有這樣的堅持，所以究竟該說善意的謊言？還是相信在佛菩薩面前所算出的指示？這又是攸關喇嘛個人智慧修持的課題了。

錯把西藥當補藥吃的「瞎藥病」：

這又是另一個千年傳統觀念所引發的「血案」。絕大部分藏藥的成份皆取自天然的草藥、礦物或珍寶，有些藥物可以直接當作養生用的甘露丸。因此，除了一些特定的猛藥之外，一般的藏藥並沒什麼副作用，也從來沒發生過誤吃藥方而喪命的案例。所以，藏民很相信藏藥的安全性，覺得沒病吃吃藏藥，也有強身健體的作用。很遺憾的是，生性單純的藏人以爲西藥也是同樣的道理，甚至覺得西藥的療效比藏藥來得快又有效，而且糖漿

喝起來有點甜，很好喝。因此，像是頭痛藥、止痛藥、胃藥等西藥，就開始在藏區熱賣起來。

有件事不得不說。對台灣人而言，吊點滴通常是重病住院或是手術過程才會做，但是在中國卻是常見的醫療方式。吊點滴的大陸話為「輸液」，藏語翻成「天針」（因為藥水在自己的頭上）。藏人很喜歡「天針」，感冒也輸液，頭痛也輸液，小病多半也要輸液，他們覺得這樣滿滿幾百CC的藥水灌注到身體內，應該是很補的吧！殊不知濫用藥物會讓身體的生理機制產生抗藥性，反而有害身體健康。

近兩、三年，由於活佛喇嘛們的佛法宣導活動相當成功，許多藏民發誓不再販賣菸酒等佛經認為會傷神亂性之物。這下好了，發誓容易，斷性難，仍有酒癮、菸癮的中年藏人在工作時買不到替代品可以解悶，一時之間，有種叫「正氣水」（藿香）的中西合藥歪打正著。小小一個玻璃瓶，方便隨身攜帶，價格低廉，可以消暑祛濕、止嘔化濁，是治療夏季暑濕過盛所致各種腸胃不適症的良藥，藏區各家藥鋪都紛紛引進。他們說：「喝了正氣水之後，肚子會有漲漲、麻麻、涼涼的多重感覺，跟喝酒、抽菸的快感十分相似。」就這樣，藏人把正氣水當酒喝、當菸抽、當感冒與胃腸痛的預防藥。以上諸如此類的錯誤觀念層出不窮，藏區的正確用藥觀念還需要大大地宣導加強。

藏醫「師資人才」短缺病

洛熱老師揹負著宗薩第五代藏醫傳人之名，行醫多年後，在德格縣內已頗有名氣。當時的政府想聘請洛熱老師去德格縣的醫院當醫生，月薪人民幣一百元。當地村民聽了很訝異的說：「這根本是皇帝的收入！」因為一百元人民幣在當時算是藏民「一年的收入」。但是洛熱老師馬上拒絕了，他說：「偏遠地方的人民更需要服務！」為了給政府面子，他還是讓一個學生代替他去了縣醫院。

雖然洛熱老師想以身作則，讓更多學生效法，將所學的資源投入各偏遠鄉村，但是並沒有引起太大迴響。大部分學醫的藏人無不希望到大學與大醫院去學習，那裡有各種最新的技術與資源，因此，很少有學生想下鄉來拜這些老藏醫為師。洛熱老師分身乏術，既擔任寺管會主任要職，又要發展當地社區的工藝文化（大家似乎都忘了他已經是一位七十多歲的老人了！），藏醫院只能由他的兩位兒子其美多吉與赤乃彭措來

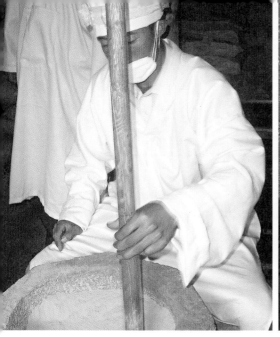

左圖是宗薩藏醫生依循古老傳統手工煉丹製藥。
右圖是賣菜的鐵棒喇嘛因為太忙了，自己一手拿著「天針」，一手做事。
麥宿當地有著藏區最棒的藏醫資源，但是很多人似乎不太珍惜。

接管，讓他突然覺得只生十個孩子真是不夠用。

　　宗薩藏醫院的情況已經算不錯了，其他偏遠藏區的醫療條件更差，沒醫生就算了，很多地方連過期的西藥都給患者吃，為此曾經發生了很多憾事。許多鄰近山區的藏人只好千里奔走來宗薩看病。一般偏遠地區的寺院通常會指派一位喇嘛來學醫，倘若在家人想學醫的話，如同先前所說的，他們在學到醫術之後，多半會選擇到外地去開醫館，以便賺取更多收入。

　　藏醫學本是西藏五明學問之一，但是來學藏醫的喇嘛一年比一年少。很多喇嘛認為自己心有餘而力不足，只好先接受「口傳」（這是佛教的一種傳承方式，老師念經文給學生聽聞一次，以代表得到了傳承，來世得以開啟機緣），讓自己在名義上也算是個已經習得五明的學者，因此缺乏具體的傳統製藥、醫療訓練等過程。

藏醫的未來

　　洛熱老師面對藏醫的未來，顯得不知所措。藏醫的傳承和資源是足夠

179

的，問題就在於醫療分配不均，需要的地方都得不到資源。許多知名藏醫與學生寧願去大城市跟西醫、中醫搶生意，研發更多生物科技產品，好讓藏醫學行銷到世界各地。無論他們的實際心態如何，洛熱老師覺得自己已經沒有本錢與本領可以去改變現狀了，他認為這種情況，十年內是無法改善的。

　　這一篇的主題是「隨遇而安的西藏醫生」，當初我在排版時，頑皮地選了洛熱老師躺在藏醫院草坪上的悠閒模樣，還故意把照片作逆九十度的翻轉，讓洛熱老師看起來像是頂天立地的宗薩靠山，當初我以為這一篇寫藏醫院的優點與年輕藏人愛亂吃西藥的問題就夠了。然而，在撰寫的過程中，我曾經打過幾次電話與降用彭措與扎西拉姆這兩位副院長請教了一些藏醫院的疑問，才不小心聊到更多潛藏的隱憂問題。洛熱老師明明面對的是藏族醫療文化問題，卻還能一臉泰然自若的樣子，仔細回想起來，這些年來，我好像也沒聽過洛熱老師抱怨這些事。

　　時代與環境一直都在改變，但是洛熱老師這些歷代喇嘛醫生所傳承下來的從容自在、隨遇而安的精神，是西藏特有的醫學特色。哪怕最後衣缽只傳一人，我也相信雪域的健康之花仍有再度盛開的時候。

洛熱老師正在藏醫院門外的草皮上優雅自在的看書

第18話
工巧妹妹
洗冤記

她，貌美賢淑，琴棋書畫樣樣行，
大家跟她都很熟，也很喜歡她，
但是大家就是不願意承認和她有關係

在西藏各地都能見到「工巧妹妹」的蹤影，甚至你的桌上也有她的作品，或許腦裡還藏有她的美麗照片！你跟她很熟，但是你完全不知道她在西藏的命運有多乖舛……

「工巧妹妹」就是西藏「工巧明」（傳統手工藝技術）的擬人化代名詞，為了讓你能更深刻地感受到「她」的重要性，讓我們繼續以「工巧妹妹」之名，細讀她的苦命史吧！

阿明的十位兒女與五明家族企業

從前有一位喇嘛大師來西藏弘法時，將自己所有的學問都交給一位西藏牧民「阿明」，並且給了他一個可以享用生生世世的無上秘寶。除了那位藏人之外，誰也沒見過此秘寶一眼。後來這位藏人生了十個兒女，他也把喇嘛大師教給他的學問都一一傳授給孩子們。

老大哥學問最好，是位語文老師；二哥跟大哥一樣，是位溫文儒雅的詩人；憨厚老實的三哥最具善根，出家當喇嘛，修行佛法；四弟則當了醫生。另外的六位女兒表現也不差：聰明的大姐是辯才無礙的律師；二姐是風水星算師；三姐和四姐學的都是古文學，從事音律學與修辭學的研究工作；年紀最小的兩位妹妹，手藝也最精巧，九妹是工藝家，十妹則是能歌善舞的藝術家。

阿明在年老之前曾經對他們說：「分遺產時，十位兒女都必須在場，且十位都同意後，才能打開喇嘛大師給的秘寶盒。」

雖然十位兄弟姐妹的個性不同，但是專長剛好可以分成五類：醫方明與星算學，因明與內明（佛學），詩詞學與修辭學，聲明與音律學，歌劇學與工巧明。所以他們一起註冊了家族商標，名叫「五明」，同時在印藏地區合蓋了很多學院與商號，都會掛上「五明」的招牌，各地都有分院，家家戶戶都是他們的學生。

雖然這是他們共同創立的企業，但是能者多勞的工巧妹妹卻一直被兄弟姐妹們所利用。喇嘛們穿的衣物、念經需要的鑼鼓，這些技術活兒都是由她來幫忙製作，做好的作品卻由哥哥姐姐們掛名，工巧妹妹只有默默地為這個家族做事的份。可惜好景不常，某年，當地發生事變，父親阿明不幸罹難，十兄妹的企業就這樣倒閉了。為了謀生，他們各自分道揚鑣，另謀生路。

遺產風波

　　二、三十年後，他們再度復興起家族的事業。由於西藏人普遍尊崇喇嘛，新公司的經營權自然就落到三哥喇嘛手上。此時，他們想到了父親的秘寶遺產，但是當年工巧妹妹和他們失散後就一直下落不明，因此那個寶盒始終不能打開。

　　三哥喇嘛以前雖然跟工巧妹妹學過一些，但是因為喇嘛們做這些粗活顯得有失莊重，後來只好找了一些鄉民來代工。三哥喇嘛主持了五明企業，但是裡面的工巧明部門是虛設的，他到處搜集各地的古董，拚命興建金碧輝煌的寺院，好讓大家認為工巧妹妹還在。四缺一的五明家族企業真相，外人並不知情。

　　據說西藏各地寺院都有工巧妹妹的消息，說她可能被帶去工廠當女工，製作商業化的佛像。雖然得知她很平安地活著，但是卻沒有一個真正能安身立命的地方。後來，宗薩寺的洛熱老師終於找到她的下落了！

宗薩寺有十二個手工藝班，
是目前藏區最完整的工巧明重鎮之一。

扎西多吉是當地金銀加工班的現任老師。文革期間,傳統的藏族工藝停擺,大家為了謀生,便以盜獵野生動物維生。扎西多傑為了保護野生動物,承諾只要藏人放棄盜獵,就願意無條件傳授他們工藝技術。他的做法不但使得自然生態得到喘息,也讓傳統技藝可以傳承下去,並改善了當地人的生活,實在是很「感心」!

洛熱老師尋找工巧妹妹

　　一九八六年,洛熱老師在重建寺院與學院的同時,也考慮到將傳統工藝文化融入百姓的工作中,因為這些技術的傳承,自寺院第一代活佛蔣揚欽哲旺波開始就有了。洛熱老師一連在當地開辦了唐卡、泥塑、彩繪、木雕、金銀加工、銅鑄、陶器、裁縫、編織、木工、鍛造等十一個班,分佈在不同鄉村,基本上教授的對象都是以在家藏人為主,一來可以恢復與保存傳統藏文化,二來也可以培養當地人才、增加就業機會,改善生活。

　　洛熱老師為了工巧妹妹,在宗薩寺開了一所學校,將她的技術完整地發揚光大。像這樣開辦了完整十一個工藝班的情況,可以說是工巧妹妹事業的另一春,因為西藏其他地方根本沒有如此的盛況。工巧妹妹在宗薩當地辦學,目前約有二百多位學生,二十多名老師,多半是當地人。但是也有來自甘肅、昌都、江達、道孚等外地學生,洛熱老師為了鼓勵他們,自掏腰包補貼他們的生活費與車馬費。這一切看似很完美,但是其實困難重重。

人財兩失的工巧妹妹

　　通常藏人在宗教上會拜喇嘛為師,以求出家修行,但在職場上並沒有學徒的觀念。洛熱老師剛開始聘請工巧妹妹來辦這些工藝班時,許多

當地人並不領情，認爲她既非活佛，也不是出家人，爲何要拜她爲師呢？後來鄉民說除非工巧妹妹給他們工錢，他們才願意來學！大多數傳統藏人認爲工作就是工作，信仰歸信仰，哪可能長年在一位俗人那裡免費做牛做馬呢？

後來唐卡班因爲唐卡作品一直都是藏族工藝市場的主流，作品比較好賣，所以老師稍有收入，就可以給學徒工錢了。見唐卡班漸漸有一點知名度了，學生才抱著想賺錢的心態，甘願免費先學一年基礎畫功，想等程度好一點就可以賺錢了。佛像類的工藝班（銅鑄、鍛造與木刻三班），因爲資源有限，且無法像唐卡班那樣量產，製作佛像比平面繪畫的成本還高，因此要有學生幫忙加工，所以師傅一天勉強給了二十元人民幣的工錢。只要作品跟佛像有關，都比較好賣，很多學生學沒幾年就跳槽，跑到都市去自立門戶了。他們學會了技術，卻不願回饋當地，導致西藏又面臨了工藝技術失傳與繼承師業的危機。

後來洛熱老師爲工巧妹妹在宗薩藏醫院，成立了甘孜州第二個NGO（Non-Governmental Organizations，非政府組織），掛名「玉妥雲丹貢波醫療中心」（Yothok Yonden Gonpo Medical Association，簡稱YYMA），辦公室負責人是降用彭措，他希望能幫工巧妹妹多找一些助理，以振興工巧文化事業。

逐漸含冤死去的工巧妹妹

我就是從負責人降用彭措那裡，了解到工巧妹妹背後的悲情故事。我

宗薩寺的喇嘛日扎也是「工巧妹妹」的學生，他的專長是傳統藏房彩繪。附近一些寺院都會邀請他去幫忙新佛堂的美化工作。

問他：「你會不會覺得這些工藝技術之所以讓藏人覺得低俗，是因爲沒有寺院活佛喇嘛們的推廣？因爲老百姓多半都只聽師父們的話。」降用彭措認爲應該也是這樣的原因。但是，目前有太多個人或企業不願意贊助這種藏族傳統民間工藝，反而只願意配合活佛喇嘛去蓋廟、蓋大佛與舍利塔，甚至蓋大飯店當作投資。

不但大部分的活佛不支持，有些甚至認爲做了這些世俗的工藝工作，會貶低他們尊貴無上的身分與地位。但是一旦寺院有需要時，就會要工巧妹妹來做事，這樣才可以有精美的工藝品向外人炫耀。無論活佛喇嘛們再怎麼依賴工巧妹妹的工藝技術，就是不願意承認自己跟工巧妹妹有任何關係，甚至還說：「跟工巧妹妹有關係就是犯戒！不能跟她走得太近！」自然而然地，工巧妹妹的身分就成了令人尷尬的窘況。

就這樣，雖然目前的西藏社會裡，大多數的活佛喇嘛們都被稱作是「精通五明」的大師，每家西藏學院也掛著五明的招牌，但事實上根本就是「四缺一」，大家都誤解工巧妹妹了。當初，喇嘛大師爲何要傳秘寶給阿明呢？阿明爲何堅持一定要等十位孩子都到齊了才能打開這份秘寶？真相即將大白⋯⋯

洛熱老師正在巡視手工藝班的作品製作情況。

喇嘛大師的秘寶

話說工巧妹妹的其中一位老師，是宗薩寺第一世宗薩活佛蔣揚欽哲旺波。他有一次出遠門辦事時，在路上遇見一對母子，母親的鞋子破了，但是又得揹孩子，腳因而破皮流血了，孩子也一直哭鬧不休。活佛馬上就坐在路邊，彎下腰來幫她縫好那雙破鞋。原來這對母女正要前往宗薩寺，這才發現他是宗薩寺的住持。

工巧妹妹還有另外一位印度籍的老師，叫阿底峽，擅長做泥佛像。

工巧妹妹不忍師父做粗活，要幫他代勞，阿底峽大師就對她說：「我的飯你能代我吃嗎？」

此外，工巧妹妹還有一位老師在噶舉派八蚌寺。文革之後，洛熱彭措為了尋找工巧妹妹，找到八蚌寺去，那位老師名叫通拉澤翁，是位精通唐卡的大畫師，本身也是位高僧。為什麼高僧要學唐卡呢？原來唐卡畫裡是有玄機的。西藏的佛教藝術文化比其他地方的佛教更嚴謹。在中國，佛像可以按照創作者個人的喜好來改變胖瘦高矮等造型，但是在西藏是萬萬不可的，作者不能隨意竄改內容，必須依照相關佛經的指示來製作，如《佛說造像量度經》、《繪圖量度經》及工布查布《造像量度經解》等等。因此對喇嘛而言，參與畫作的過程本身就是佛法修行的一環。其他如雕刻、編織等亦是一樣的道理。

或許有人會問：「那也不必每位喇嘛都把工藝當作修行的一部分吧？還有其他修行方式呀！」要知道，自從佛法傳入西藏後，藏族絕大部分文化、知識與技術，幾乎都是源自於寺院，所有各行各業的老師都是喇嘛。這也是為什麼藏族家庭除了宗教信仰的因素外，這麼樂意將孩子們送去寺院學習的主要原因。因此，西藏古代很多寺院裡的喇嘛大師，是真正精通五明學問的。前一刻他可能是法座上的高僧，下一刻可能在寺院某個角落充當水電工，對他們而言，生活中的大小事無一不是修行。只是後來世人誤以為佛教徒出家後，就應該放棄世俗的一切特長所好，必須要「六根清淨，四大皆空」。就因為這樣的誤解，才會導致工巧妹妹的陳年不白之冤。

真假工巧妹妹

大家在了解真正的工巧妹妹之後，不難發現其實工巧妹妹也有一些外地徒弟，後來都相當有名。有一位弘一法師，他出家之前，跟工巧妹妹學習了美術、音樂、戲劇等十八般才藝，出家之後捨棄了大半，只保留書法，藉著抄寫佛經與法語來度化眾生。第三世宗薩仁波切也是工巧妹妹戲劇班的學生，但是他更聰明，他去外國進修學電影，選擇了電影作為弘法的主要工具。還有一位名叫麥可‧羅區的外籍喇嘛，在獲得最高的格西學位後，成為鑽石行業裡一位成功的企業家，更把自己的經驗寫成《當和尚遇到鑽石》一書。工巧妹妹還有其他很多學生：有唱流行歌的活佛，也有畫可愛

沙彌漫畫的韓國法師等等，可說是桃李滿天下，族繁不及備載。

當然，社會上也有許多人以工巧妹妹的名義來假行度化眾生之事，販賣一些以神佛爲名的品牌商品，換取信徒們的崇拜，魚目混珠之下，到底誰是真的工巧妹妹？誰是山寨版？看來，工巧妹妹的命運仍舊十分乖舛與坎坷。

工巧妹妹也開了電腦班？

二○○○年，洛熱老師引進了電腦技術，他認爲這也算是工巧明。當地人納悶地問道：「什麼？工巧妹妹也懂電腦喔？」洛熱老師說：「當然！只要是跟技術有關的，工巧妹妹通通都會！」洛熱老師與堪布才旦指導喇嘛們學習電腦來印製數位版的佛經，也因爲如此，一些人會沉迷在高科技的手機、影視、電玩世界中，工巧妹妹的魅力讓人難以割捨。

很巧地，我剛好也是工巧妹妹的徒弟，負責協助處理宗薩的電腦維護與多媒體設計工作。工巧妹妹好奇地問我：「你學了那麼多藝術、平面設計、影音剪輯等技術，回台灣去工作應該可以賺很多錢吧？」我回答她一句英文，工巧妹妹一頭霧水地複誦說：「格雷特拋爾……康司格雷特瑞死胖捨逼樂替？」（Great Power Comes Great Responsibility）我翻譯說是「能力愈強，責任愈大」的意思，這是出自於電影《蜘蛛人》的名言。工巧妹妹不解地說：「有什麼責任呀？」我笑說：「我的責任就是讓你阿爸留下來的秘寶可以一直傳承下去呀！」

第19話
容易誤會的
西藏肢體語言
猜一猜老堪布在比什麼手印呢？

關於藏族的肢體語言，最常見的是「吐舌頭」，意思是虔誠、謙卑、尊重、誠實等等。其他還有像是「五指喻」、「碰頭禮」與牽手、握手等習俗，是每個藏民都會的肢體語言。我不確定各大藏區是不是都通用，但是應該相差不遠，只不過他們比的動作，真的跟你想的不一樣。

第一次來藏地旅遊的人，常會在街上看到一些藏人手心裡包著鈔票，拇指向上，那隻手不停上下抖動，口中念誦佛經、咒語或祝福詞。見你是華人，還會專業地說：「阿彌陀佛保佑您！釋迦牟尼佛保佑您！」很明顯的，他是要跟你乞討財物或食物。在漢人或西方人眼中，豎起拇指通常是讚美對方的意思，但是在藏區就是在巴結你，譬如你在路邊落難了，想搭便車，便可以使出這個懇求的手勢。有時候會變成兩個比拇指的動作上下串疊，意思是你這個人好上加好！非常好！其實他們不一定是想跟你要錢，如果你身上有好東西，他們想借看或借用一下，都會這樣開玩笑地請求。

藏人對你「比中指」的意思是？

對西方人和華人而言，大家都知道「比中指」代表的是很猥褻的咒罵手語；但是在西藏卻不是如此，他只不過在告訴你，他對某某事物的評價是「中等」，也就是普通、沒特色、沒有意見的意思。當你希望對方評價某個人事物的好壞時，例如某某人的人品如何？這個東西好吃嗎？這個電視節目好看嗎？音樂好聽嗎？這時，五指就是他們的評分表。

豎起「拇指」，但是沒有上下抖動，這不是乞求之意，而是代表最好、頂級的意思。把拇指尖指在食指上，這是二等的意思，但這等次並不常見。中指之後，依序便是四等，把拇指尖指向無名指上，這個算是安慰獎，就是對方給你面子，代表還可以接受或勉強接受之意。

最經典的就是比「小指」了——把拇指甲尖端指到小指指甲尖端的地方，同時還得用鬥雞眼、咬牙切齒、下巴向前凸地露出輕蔑的表情看著指尖，意思就是連指甲裡的渣渣都不如！其實比小指的動作還可以用在日常生活中，代表「需要一點點就夠了」的意思，去借東西、買東西都可以用得上。或是用來自嘲，說自己只是微不足道的小人物，然後向對方比出大拇指。

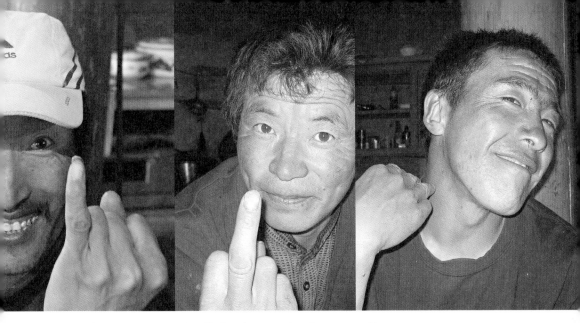

藏人的肢體語言動作很簡單，意思卻和我們想的不太一樣。
（感謝宗薩藏醫院的朋友們示範動作）

兩種必學的「手刀」！

　　華人常見的發誓語：「不信的話，把我的頭砍下來給你當椅子坐！」
這句真的在藏文化中鮮活地呈現了，而且是常見的手語。左右手皆可做：
將自己的單手做出「手刀」狀，舉起來放在脖子旁邊，往脖子前方方向前方
騰空反砍出去，重點是：還要來回反覆砍三遍，邊砍邊發誓，同時把眼睛
瞪大！

　　個性硬朗的康巴漢子，不擅長說謊，所以發誓動作都相當猛烈，當然
常是玩笑話，就算是假話或是誤會一場，也只是請吃東西笑笑罷了，並不
會真的要對方立下天打雷劈、車禍、不得好死之類的毒誓。所以，反觀藏
族這樣可愛的反手刀發誓動作，其實是最天真無邪的呢！

　　另外一種手刀動作的意義完全不同：手心平放，並向上微擺。這個動
作對華人與西方人來說，意味著乞討東西，但是在藏族卻是指「足夠、停
止」的意思。別人幫你倒茶時，你只要手心向上，就代表「夠了！別倒了！
謝謝！」。或是在寺院或學院各式各樣場合裡，代表活動階段性完成或是
圓滿結束了，完全不需要說話，手只要輕輕一抬起，大家就知道意思了。

　　此外，雙手手心向上擺，則有不同層面的意思。走路或開車經過藏人

朋友家，對方在門口或窗戶前如果來不及打招呼，就會比出雙手向上，代表「慢走」「吉祥如意」，類似「獻哈達」的動作。如果是到人家家裡作客，這手勢就是「請坐！」「請用餐點！」或「請喝茶！」的意思；當你要離開時，這個動作又代表「請留步！」的再見之意。這種手心向上擺的動作相當吉祥，可以說是最優雅的藏族手語，也是最知足與歡喜的動作。

　　了解以上手指語言的意思後，還有另外一種沒有形式卻極容易被現代人誤解的動作——牽手與握手。這對某些政客或大老闆而言，還是一門深奧且複雜的人際學問，但是在西藏可就大大地不同了。

藏族同性握手、牽手不是 GAY ！

　　如果你到藏區旅遊，一定會有這樣的經驗：熱情的藏人主動跟你握手，左手捂著你的雙手，然後右手不停地在你的雙手上慢慢地撫摸與拍打。不僅如此，當他帶你去參觀寺院或是四周風景時，還會牽著你的手，

前後擺呀擺……這個行為無關年紀，男女老幼都有，此時你心裡一定會懷疑，對方是不是同性戀，或者在對你性騷擾？

　　「女女」牽手倒還好，在華人或是海外世界都算是好姐妹的行為；但是「男男」牽手，而且還是喇嘛跟喇嘛牽手，甚至牽手的雙方可能還是極為驃悍、滿臉鬍子的康巴漢子，你可能馬上會聯想到周星馳電影裡的「如花」般噁心。如果你有這樣的不安症狀，就表示你已經得到文明病了！

這是學院的一位活佛學生與同學們牽手的合影。他們很單純地彼此握手聊天，甚至一同牽手逛街。這對已經習慣複雜人際關係的都市人而言，跟他們握手是最尷尬的體驗。

學院的堪布桑珠每次主持休假前
夕的全校辯經時，都會比出這樣
的手勢，代表時間到了，換下一
組人出席或是下課。平日的辯經
並沒有固定的下課時間，差不多
快到下課時間時，大家就會遠遠
盯著堪布有沒有比出該手勢。

　　西藏人說話很直接，他若覺得你是好人，就會很熱情的跟你握手，眼
睛還會泛出一點點感動的閃閃淚光，看著你說：「我們是好朋友！來！握
手！」西藏人仍保有原始人類的感情，握手純粹是友好的舉動，並沒有特
別意圖，絕不是特殊男女情愫的暗示行為。因此，來西藏請放開分別心、
猜忌心、膽怯心、曖昧心去同遊吧！這是西藏人送給千里迢迢而來的你，
第一份真心見面禮！

活佛喇嘛跟你握手，握出了什麼來？

　　當握手遇上「信仰」時，有心人士常常會因此發生化學變化。一般藏
區的大活佛都很慈悲好客，所以有遠來的客人，都會深深地握手致意。當
然，受出家戒律的喇嘛因有戒律在身，多半不會公然或是私下抓握女性的
手。當藏傳佛教開始傳播到世界各地後，很多活佛也不得不學點中文、普
通話，以便到漢地、海外去弘法。由於上述的藏地民情習慣，一開始握手、
牽手是很單純的事，結果卻容易產生男女之間的誤會。

　　在此特別給年輕喇嘛一份真心的建議，既然藏人希望漢人或西方人到
藏區要入境隨俗，遵守藏族的純樸習俗，那麼當藏族到已經文明複雜化的
漢地、海外時，也要提高標準，不能握手的就不要隨便握。不同的文化是
需要互相尊重的，一定要了解彼此的遊戲規則。

　　看到這裡，或許有人會想：「既然在漢地不能搞曖昧，那去藏地假裝

自然、熱情地握手，光明正大的袖裡來袖裡去，應該比較不會被外人發現吧？」如果這樣想，就太小看西藏人了。雖然握手對他們來說很自然，但是心眼還是清清楚楚的，是真愛還是假愛，一眼就知道了，而且消息傳得比漢地八卦雜誌還快，隔天整個村莊就知道了你們的關係。所以說，西藏人的握手和牽手，說簡單也不是，說不簡單也不是，在單純的地方就跟白紙一樣，一點點黑墨就會非常明顯。無論如何，為了避免誤會，女性朋友在漢地與喇嘛活佛相處時，還是保持距離為宜。

加持無價的摸頂與碰頭禮

「摸頂」是世界各種宗教儀式中常見的共同肢體語言，無論是天主教、基督教、道教等各種宗教，如法師、牧師、神父、道長等等神職人員，都會使用這個加持的動作。你虔誠的雙手合十，他用手摸著你的頭，然後念上一段禱告經文或咒語。很多人可能就開始幻想頭上有光、有一股溫暖的力量注入腦海。各式各樣的宗教意涵都有不同的詮釋，當然，這是心誠則靈的行為，也是宗教徒常見的心靈慰藉，佛教也有這樣的行為，只是藏傳佛教更加豐富了類似的文化。在藏傳佛教的摸頂文化裡，並不限於只能用手來摸。有時候會配合佛經儀軌的內容，而採用不同的法器來加持。如果是內行人，還得配合複雜的觀想內容，在此則不多談。

二〇〇四年宗薩仁波切回來宗薩寺時，在山頂上舉辦了一個大型的長壽法會。由於人山人海，所以宗薩仁波切沒辦法用手去觸摸到每一個人，只好以一根木棒來取代，前端綁上一條白布（西藏哈達）作為給大家摸頂加持用的信物。有時候時間不夠，仁波切會派一兩位喇嘛幫忙加持。很多人會感覺很失望，因為不是直接被仁波切的手所加持。這樣的分別觀念不太好，因為加持是一種精神性的分享，而不在於實質的手。

尷尬的「摸」頂狀況

在極度傳統的藏族山區、牧區裡，常會碰到這樣的尷尬景象：老藏人看到跟著活佛喇嘛一起同行來訪的漢人、西方人，會十分的虔誠恭敬，

我所認識的活佛喇嘛中，白玉傳承的揚唐仁波切碰頭加持的感覺最令人印象深刻。儘管有幾百位弟子排隊等著請他加持，他永遠都如初衷般祝福。

部分老藏人甚至會請求漢人或外國人摸頂加持。他會眼泛淚光，躬身行禮，口中不斷念誦祈禱的話語，頭部向前作請求的動作。通常漢人或西方人遇到此狀況，都會不知所措，常會加以婉拒或直接逃離現場。

　　如果真的遇到「非摸不可」的情況，該怎麼辦？這就跟佛教故事「老祖母把狗牙當成舍利子」一樣：一位老母親希望兒子能帶回一顆佛舍利回來，結果兒子最後卻用一顆狗牙來矇騙母親，但是不知情的母親仍把它當成真的舍利子在拜，最後她居然就成佛了。因此你不用擔心自己不夠格爲他們加持，在他們的心中，任何跟上師喇嘛同行而來的外人，都是菩薩的化身。你可以先向對方聲明說自己並不是活佛，但是此時是可以幫他摸頂加持的，只要輕輕摸一下或是深切地摸頂都可，分享那份虔誠的力量，祈禱他老人家身體健康，闔家平安！如此一來，皆大歡喜！他得到了乞求的加持，你也發了菩提心。

　　就我個人的經驗，每次跟宗薩寺很多大喇嘛久違重逢時，那些資深的大喇嘛總是謙卑地拉著我的手，然後放到自己的頭頂上作加持的動作，或是把自己的頭靠到我的雙手上，當然我都會覺得很不好意思，因爲此舉不但太抬舉我了，還真是折損了我的福報呀！只不過總不能這樣傻在那吧？像這種尷尬時候，你也可以拉著對方的手來自己的頭上加持，雙方互相頂禮，法喜充滿。

二〇〇四年，當我初次準備離開宗薩學院時，去跟堪布才旦道別。我很自然的彎腰，把頭伸過去他面前，請求堪布的摸頂加持。此時，堪布卻覺得我莫名其妙，直說他不是什麼大喇嘛，沒有什麼加持的法力，不需要這樣做。

有些藏族活佛很熱情大方，但是也有些喇嘛堪布很謙虛客氣，這樣又如何拿捏該不該握手，或可不可以請求加持呢？在第一次接觸，知道對方的行事風格後，就可以比照辦理了。譬如堪布不喜歡這樣的舉動，那就不要強求，應以尊重對方為優先。

在台灣與內地的藏傳佛教圈，很多人喜歡被喇嘛摸頂加持，但是大多數人都誤解了加持是一種光與能量的導引和傳輸。好像武俠小說寫的那樣，可以直接傳送氣給對方，甚至還會冒白煙！雖說這是心誠則靈的事，但卻不應該執著。正統的藏傳佛教並不會混雜著東方道術、西方 New Age（新世紀派）與靈修派的內容，應該小心謹慎。

從小就開始學的「碰頭禮」

碰頭禮又稱為額禮、額頭禮，顧名思義就是彼此用額頭來碰撞行禮。這個動作在東方儒家文化下的華人社會是很少見的，因為在儒家的標準裡，這已經近乎夫妻間的親密行為了。更何況是男人與男人之間的碰撞額頭，更容易引發曖昧的誤會，但是這在西藏卻是連小娃娃都會的事。

藏族人從小就教導孩子碰頭禮，每次看到小娃娃就會抱著他說：「呀！忒吧吐！」（康巴口語：來！來碰頭！）然後就把頭靠過去，讓小孩習慣這樣的行為。等小孩稍大些，只要有客人來，家長就會跟他說：「去！去跟叔叔碰個頭！」然後稱讚他「好乖哦」！長大後，自然而然的，碰頭禮就成為自在熱情的禮儀了。雖然藏人的頭頂不能亂摸，但是碰頭禮則是無傷大雅的。

碰頭禮的動作很簡單，看一次就會了。一般都會彼此雙手互相抓擁，彼此的額頭互相輕碰一下。如果是道別時刻，額頭還可以多停留一會兒，彼此互相說出祝福的話語。這個舉動在久違重逢時也可以用，純粹看雙方的熱情程度。

碰頭禮常見於喇嘛與喇嘛之間，或是藏人居士與居士等同身分之間，

洛熱的兩位小女兒正在跟小侄女行親密的碰頭禮

但是顯少有女性向男性喇嘛行碰頭禮，除非對方是有相當地位的大德居士，活佛認為她比自己還尊貴，才會行禮。碰頭禮跟摸頂加持不一樣，並不是一種形式上的宗教加持動作，所以一般活佛喇嘛就算謙虛或是自覺地位不夠，還是會樂意跟你行碰頭禮，無論是相見歡還是離別的時刻。

見面時該不該行碰頭禮，所把握的主要原則就是你和對方的關係要夠熟識，才能行碰頭禮。要不然，除非是對方主動把頭靠上你的額頭示意，或是在盛大的法會上，你是位代表性人物，才會在第一次見面時就用上碰頭禮，否則在一般情況下，自己不要主動，才不會造成尷尬。喇嘛不見得都熱情活潑，有些可能很沉靜、內向。如與指導閉關禪修的喇嘛，或是在學院教書的堪布見面，這時候只需要獻上一條哈達即可。

碰頭禮是互相爭寵的最高加持大禮？

在台灣或是內地的藏傳佛教圈，信徒們總認為被喇嘛行碰頭禮是很殊勝的加持，所以每次跟喇嘛師父道別時，都會主動希求行碰頭禮。旁人或新人眼裡覺得那是「大弟子」才會有的 VIP 加持，其實這些都是錯誤的想法，把原本單純的心靈加持，變成了加料的社交行為。無論是碰頭禮或摸頂加持，都是喇嘛師父們自在、隨緣的行為，所以只要保持平常心即可。

　　藏族的握手與摸頂，原本只有一種真心之意，我們卻把它錯分成八萬四千種。

　　貝雅仁波切說，他印象最深刻的是小時候他給第二世宗薩仁波切寫了一張紙條，上面寫著他想請求仁波切給他加持。第二世宗薩仁波切確吉羅卓也給他寫了一張小字條，上面寫著：

> 親愛的貝雅仁波切，加持不是一個禮物可以送來送去，
> 當你的心打開時，它就在你的心裡。
> 你的信心有多大，加持就有多大。

　　　　　　　　　　——引用自袁圓《宗薩的味道》

這是某一次老堪布與堪布才旦在學院旁的公園休息時，
兩位堪布特別雙掌合一的珍貴鏡頭。
都市人握手是加法的學問，握愈多手愈複雜。
西藏人握手則是減法的哲學，我加你的手也等於一隻手。

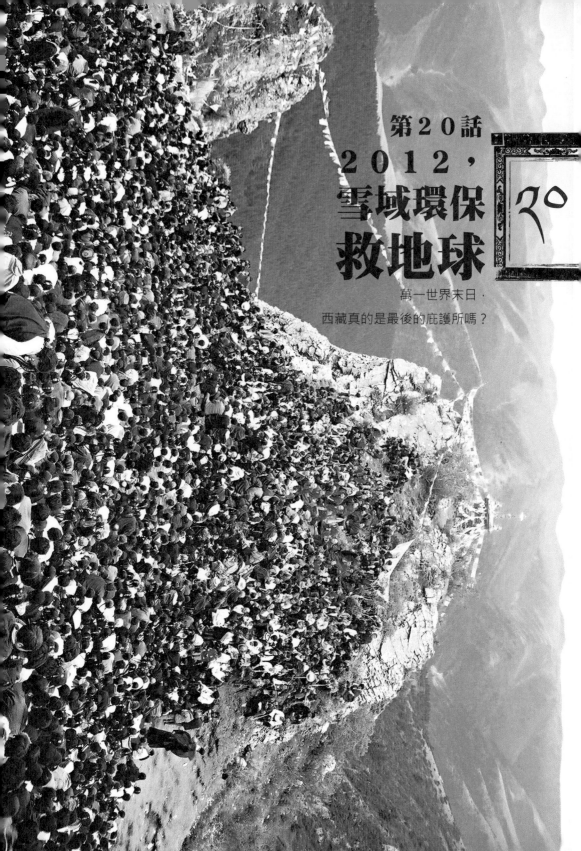

第20話
2012，
雪域環保
救地球

萬一世界末日，
西藏真的是最後的庇護所嗎？

二〇〇九年底，有一部以世界末日為題材的電影《2012》，宣傳海報裡是一位站著的喇嘛背影，電影認為西藏是最後的避難所，大家都想搬到西藏去。然而，二〇一〇年五月卻不幸發生了青海玉樹大地震。實際上，從二〇〇八到〇九年這段期間，西藏已經發生多起旱災與雪災。其實，西藏深埋著諸多被忽視的環保危機，是大部分遊客所看不見的。

地上沒有佛菩薩？

大部分西藏人在煮飯時，喜歡用藏族工藝打造的黑鐵大爐灶，這種爐灶除了用來煮飯，還有另外一個好處是有根煙囪可以直通屋頂，讓藏人可藉由焚燒草木香料來供養天上的諸神佛。煙囪會慢慢吐出白色的煙直達天際，這是他們每月例行的常態宗教供養活動。

有一次，我把吃完的泡麵垃圾隨手丟到爐灶裡去燒，現場一位中年喇嘛嚇壞了，立刻跑過去把垃圾拿出來，並告訴我說：「這種垃圾不能在這裡燒！這是煮飯和供佛用的，你燒了這種東西，臭煙就會燒到天上去！垃圾可以直接丟到路邊的山溝裡，大家都是這麼做的！」我很納悶的反問他說：「為何能亂丟在山溝裡？請問佛菩薩一定都在天上嗎？」他居然理直氣壯的一口咬定說：「對！沒錯！」於是我又指著地板問：「那麼『地上』就沒有佛菩薩了嗎？」他又狠狠的說：「沒有！」（我傻了一下，他自己也愣住了。）過了幾秒鐘，他表情尷尬地說：「嗯……地上應該也有佛菩薩。」後來不知道這消息是怎麼傳開的，大家就習慣直接把小垃圾丟進爐灶裡去燒了。

這個插曲深深點出了西藏佛教文化盲點下的環保問題。二〇〇〇年後，各大藏族自治區基本上都已經開通了公路，一些大城鎮甚至還開通了鐵路和飛機。因為有了現代化商店，塑膠包裝的食品和日用品大量引進西藏，導致垃圾增加，但是垃圾處理觀念卻相對落後。

由於藏人認為燒垃圾所產生的煙，對諸佛山神們不敬，所以多半都是用土掩埋或是隨意風化，或者直接就把垃圾倒到河裡去。以宗薩學院為例，每個人的房間會有一個垃圾桶兼餿水桶，塑膠類垃圾、髒水通通倒進這個水桶裡，因為學院靠近河邊，所以每天有幾百位師生的廚餘垃圾被倒進河中。喇嘛們還特地在河邊裝了一個斜坡木板，好在倒垃圾時

（左）藏地的犛牛在垃圾堆中找食物。
（右）儘管垃圾桶上貼著分類項目的標語，但是當地大部分藏人都不管那麼多，認為垃圾分類回收是官方要做的事。

能順便餵食野狗和野鳥。此舉雖然很貼心，但是他們卻沒想到，食物中混雜著洗潔精等化學有害物質，反而會傷害那些動物。不過也因為幾乎沒見到有動物因此而暴斃，所以沒有人去質疑和否定這種處理垃圾的方式是錯誤的。

　　藏人或許單純地認為垃圾傾倒在山溝、河水中，就算是塵歸塵、土歸土。更何況藏區山川河水那麼廣闊，一些垃圾並不足以掩蓋了雪域的美麗。他們不知道那些塑膠垃圾得花上五十至一百年以上的時間才能分解，所幸這樣的遺憾，到了二〇〇八年終於有了改善。

　　在說垃圾處理之前，其實宗薩藏醫院的 NGO 組織玉妥雲丹貢波醫療中心（以下簡稱 YYMA），早已著手進行野生動物保育工作。這項工作要成功，祕訣在於活佛喇嘛們的宗教力量。二〇〇四年至〇七年間，堪布彭措朗加與洛熱彭措等當地資深大德們，一起推行了「拒用菸酒與捕獵保育類野生動物」運動。從那之後，當地居民再也沒穿過用野生動物毛皮製成的藏袍衣飾了。二〇〇八年，堪布才旦又推行麥宿地區「禁賣菸酒」運動。基於對佛法的虔誠信仰，絕大多數藏人都在堪布喇嘛面前發誓不再販賣菸酒。

所以如果您是有菸酒癮的人，來麥宿地區可就難過了。

那一年，YYMA 還緊接著做回收藏區的「白色垃圾」工作（指的是可回收的保特瓶類垃圾）。當地人都很配合，甚至發動了當地史上第一遭「掃山」行動！只掃了一天就裝滿了五輛大卡車的垃圾，這些卡車是大家自掏腰包租來的。問題是，藏區並沒有天天行駛的垃圾車與回收單位，這些日積月累的垃圾該何去何從呢？雖然這次的活動意義非凡，但是藏人似乎還沒有辦法接受撿垃圾這樣的觀念，一些潛藏的心理問題與錯誤觀念正逐漸浮上檯面。

燒！學院祭出新的垃圾處理校規

繼掃山行動之後，麥宿地區各大路口與景點出現了「公共垃圾回收桶」，藏人以為擺個垃圾桶，垃圾就會自動消失。結果不到半年，垃圾桶成了當地的狗與牛的美食藏寶箱，牠們把垃圾桶推倒，垃圾就散落了一地。仔細往垃圾桶裡一瞧，裡面根本不是回收類垃圾，而是什麼都丟進來。由於人力資源與經費有限，能送到外地有回收服務相關單位的次

二〇〇八年，降用彭措率領當地藏人們進行當地史上第一次地毯式淨山行動，光是宗薩寺周圍幾公里內的垃圾，就足足有五輛大卡車那麼多！

數很少，所以只要垃圾一滿，當地藏人又按照以前的習慣，全部都倒進河裡和山溝，垃圾桶便形同虛設。負責人降用彭措說這樣的工作量與經費太高，他們暫時無法消化藏人與遊客製造垃圾的速度。

當然，堪布們並不是麻木不仁，看到亂倒垃圾的情況也覺得很心痛，所以就制定了學院的新規定：「學院師生們所有的垃圾要存放在自己房間裡，藏曆十五與三十休假日才能拿出來集中焚燒處理。在校園內設立瓶罐類回收處，由院方出資載送至相關單位處理。」這項規定有個好處是：如果怕房間內囤積太多垃圾會產生臭味和蠅蟲，就會自動減少垃圾量。

缺點是在河邊焚燒垃圾好像不是合法的方式，因為會殘留有害物質，但這也是沒有辦法的事，沒錢請垃圾車與回收車（漢藏來回處理的車資費用數千元，一年下來是筆相當可觀的數目），又不能丟到山溝河裡，就只能這樣做了。

學院鐵棒喇嘛被乞丐恥笑的丟臉事件

為了配合新校規，堪布每個月至少會花一天時間做全校大掃除，打掃學院內外的環境。其中一位鐵棒喇嘛也自告奮勇兼任這個環保大使工作，因為學院周邊的水溝累積了太多垃圾，所以他決定犧牲休假日來處理。但是總不能自己一人苦幹吧？當他想找人一起幫忙時，問題就來了。

難得的休假日（半個月才休半天），誰會願意去幹勞動呢？找了半天，勉強找到一位小喇嘛，又剛好遇上了每天都在學院門口乞討要錢的「阿波瑪」老婆婆跟她的孫子，鐵棒喇嘛希望「阿波瑪」祖孫倆可以來幫忙撿垃圾，喇嘛還自掏腰包說可以給他們十元工資。「不要！不要！我才不要！」祖孫倆一臉厭惡的表情回絕了，「二十元！」還是打死都不要！被以行乞維生的「阿波瑪」拒絕，是多大的恥辱呀！鐵棒喇嘛只好忍氣吞聲，和一位小喇嘛撿了一下午垃圾，許多路過的藏民和喇嘛都對他們指指點點：「你看看！學院的管家喇嘛居然在撿垃圾，好丟臉哦！」「學院的喇嘛都沒事做嗎？都不用念書嗎？怎麼整天都在撿垃圾？」這樣的話語很快就傳遍了麥宿地區……

我把這件事告訴了堪布，過幾天，堪布便在戶外的大眾佛法開示場合中，公開表揚那位鐵棒喇嘛的善舉，也順便鼓勵大家要多多學習做環保。

但是大家似乎不太領情,私下批評那位喇嘛在作秀,說他也才撿一兩次
就不撿了。基於輿論壓力,那位鐵棒喇嘛後來也不敢再撿了,水溝裡的
垃圾又滿了回來。歸根究柢,大部分的傳統藏民都把「撿垃圾」視爲比
乞丐還不如的骯髒低俗之事,更認爲喇嘛的身分是高貴無比的,不應該
做這種下賤的工作。要花時間撿垃圾,還不如去廟裡念經修行,或是轉
轉佛塔與經輪。

難道佛法裡沒有教環保嗎?

喇嘛一直都是藏民族信仰的中心,喇嘛說什麼,他們就信什麼、做
什麼。這樣的宗教力量,在拒用菸酒、野生動物毛皮等奢侈品時還滿有
用的,但是在垃圾處理上根本就無法撼動幾千年不變的保守觀念。藏人
認爲喇嘛不該撿垃圾,也不認爲撿垃圾跟修行有什麼關係。真的是佛法
不對嗎?佛法沒有說環境保護的事嗎?

洛熱老師爲了用佛法教育藏民,翻閱了佛經《甘珠爾》一〇三卷,
從一九八三年開始,他常常趁每年當地的轉山祈福法會時如此宣傳:

你們身體好嗎？佛祖說世間萬物都是有聯繫的，
世界是地、水、火、風、空組成的情器世界。
如果這五個元素很均勻，世界就會很和平，
所有生命包括你也是由這五個元素組成的，
地就是骨頭，水就是血液，火是你的溫度，風是你的呼吸，
空是什麼呢？是你的心啊！

想一想，如果缺一樣，你的身體就不行了，死掉了。
如果均勻，人就會長命。
大自然的元素不均勻，身體元素也會對應變化，
對我們身體也是不好的啊！

木頭少了水就長不出來，山上沒有樹，田裡就長不出麥子，
就像骨頭少了，造的血就少了，
所以要保護大自然，也是保護你們自己。
我們佛教徒要累積福慧兩種資糧，
福就要像母親愛獨子般幫助一切眾生，
不忍獨子陷溺火坑般不傷眾生。

二○○四年八月，宗薩仁波切、堪布
彭措朗加與洛熱老師在宗薩寺旁的神
山上灌頂前，先跟現場的幾千位民眾
宣導環保觀念。

大家知道，為什麼要保護神山嗎？
大家看看自己的身體，身體有些部位不怕打，
有些卻特別脆弱與重要，
如臉上的眼睛，你的心口，你的鼻子。

佛祖們認定神山，
是因為神山也是世界這個身體重要的部位，好比是世界的眼睛。
如果一座神山破壞了，會對其他神山產生影響，
最後會對世界產生壞的影響，
不僅傷害藏民，也傷害全世界的眾生。
這可是佛經裡的話啊！

　　關於上述這些垃圾問題，僅僅是以德格縣麥宿地區為例。藏區的環保組織目前並不多，相信還有更多地方沒有落實。此外，據一位在印度留學的朋友說，印度大多數藏區都禁用塑膠袋，達蘭薩拉與印度某一省也全面禁用塑膠袋，但是只能以麻布袋與紙袋代替，而且垃圾也沒有分類，這樣一來，相關的配套措施也未能完善。看來環保問題似乎是世界各角落共通的難題。

　　無論如何，只能從我們自己盡力做起：如果你到藏區或是非都市區旅遊，別忘了把這些環保觀念分享給他們。行李內有塑膠類產品，也盡可能地把外包裝拆開處理與回收後，再裸裝帶入。特別是送西藏人的禮品，只需要用象徵吉祥的白色哈達包覆後贈送即可，完全不需要外包裝袋，這樣也可省下你的行李空間。如果只是幾天的旅遊，盡量壓縮那些垃圾，別留在當地，自己帶到大城鎮來丟棄與回收。雖然這樣做有點難度，但全看你自己的良心囉！如果你想繼續拍到更美的西藏風景照片，就應該負起一點點責任。

佛菩薩，
不在地上，也沒在天上，而在心裡，
心在哪，佛菩薩就在哪。
既然佛菩薩在你心裡，
那外在全世界的事就絕對跟你有關。

第21話
藏族
送禮指南

華人送禮的禁忌,
有時候卻是藏人的最愛?

　　重情義的華人拜訪朋友時，總是免不了帶上一份好禮。我在宗薩寺期間，常常看到很多外來的客人開心地送東西給西藏人後，藏人私下卻不知道該怎麼處理這些禮物，最後只好轉送給我。因為送的不是他們需要的東西，不然就是他們不知道那東西有何用處。宗薩寺與學院的藏人多半來自各大藏族自治區，有拉薩人、安多人，也有德格人與玉樹人等等，可以說是藏區社會的縮影。因此，以下我想分享各層面的送禮經驗談，可信度應該還算高，大家不妨參考看看。

「激噴？」ཅི་ཕན།

盡量別送西藏人這些東西！

　　送對禮物的快速方法之一，就是先排除「不該送」的。「激噴」（Ji Pen）這是很常聽到的康巴藏語，意思是「有何用？」「有何好處？」，或是否定對方時的反話：「有啥用？」（根本沒用！沒好處！）到底哪些東西是不建議送給藏族朋友的禮物呢？

　　最不受歡迎的就是「外來食品與藥品」和「宗教創意品」。藏人常常拿著這些東西跑來問我：「這個是吃什麼的藥？」過了一個月後，我在另外一位老藏人那邊又看到那瓶藥，他說：「這是某某朋友給的，說吃了對身體有幫助，所以我每天吃很多顆。」因為藥有糖衣，他就拿來當作糖果吃了。雖然會講普通話的藏人很多，但是能看得懂中英文字的藏人仍有限。

　　此外，自己家鄉的名產應該是最有特色的吧！為何不要送呢？二〇〇七年時，我曾經從藏人手上收過〇四年的北京烤鴨、〇三年的茶葉，與〇五年的江西臘鴨和蜂蜜等等過期食品。西藏因為氣候乾燥，食物不易腐壞，所以藏人往往會覺得那些有包裝的食物應該都可以長年保存。再加上傳統藏族的飲食習慣非常保守，雖然不敢吃，但是又捨不得丟掉，所以多半會再轉手送給外來的客人。

　　其他還有如營養品與進口的高檔嬰兒奶粉，好像外人老是認為西藏是個鳥不生蛋的荒地一樣。其實別說是西藏近年來交通發達了，那些進口補給品再怎樣高檔，也遠遠比不上雪山上的鮮牛奶與母乳吧？而且藏

這是我的好友託我代送給西藏喇嘛朋友的禮物——以青海玉樹的給薩爾王銅像為造型的公仔。我覺得還滿可愛的，但是西藏人似乎不愛這味，甚至還認為褻瀆了神明，包括我從台灣帶過去的各種可愛的超商公仔，也淪落同樣的下場。

人長大後幾乎都成了比你還高壯、還美麗的康巴漢子與姑娘。只要配合當地的傳統飲食習慣，其實都沒有營養不良的問題，除非對方有特殊疾病需求，否則不需要送那些額外的藥品或營養品。

　　說完了吃的，再來說宗教創意品。

　　現代人喜歡發明新的宗教商品，譬如台灣會把「媽祖」做成可愛的娃娃與公仔，或是把這些神佛做成個性化的周邊商品。例如某一年，台灣友人委託我帶二個西藏給薩爾王的原創小公仔（給薩爾王的名氣就好比漢人的關公），造型十分可愛。結果我拿到藏區後，被當地人說是「鬼像」，叫我快拿去燒掉，或是丟進垃圾筒！還有一些超商送的公仔商品也是同樣的下場，可見得一般傳統藏人無法理解現代人自以為是的「可愛」。

　　二〇一〇年時，有一家國外名鞋品牌Keds（凱茲）把西藏的佛像、咒語和喇嘛等神聖圖騰印在鞋面上來販售，引發西藏人的強烈不滿。雖然廠商是無心之過，不過卻犯了藏族的大忌。因此如果您到傳統藏區旅遊，不要使用印有佛教相關圖案的衣物、杯子、鞋子、頭巾、日用品等等，因為

這些是屬於個人衛生相關產品,很容易弄髒,而且容易隨地擺置而造成不敬。因此切記勿送這類禮品,如果想送,可以送活佛的胸章、項鍊、月曆等等純裝飾性的禮品。

跟華人送禮習慣相反的好禮物

排行第一名的就是照片類紀念品。如果您只有幾百元預算,用來供養或買食物,可能一下子就用完了;但是若送上一張珍貴的照片,他們便會好好的收在相本裡,甚至框起來,或是直接供奉在佛堂,世世代代相傳!您可以把上次在藏區拍攝的藏族生活照片、合影照片加洗出來回贈給他們。如果上面印的是藏人心中的活佛師父,那就更無價了!倘若預算夠,還可以做成胸章、照片桌曆、相本、相框等等相關產品。

送禮的第二首選就是送鞋。在華人的文化裡,認為送鞋代表要跟對方分手、送行、逃跑的尷尬之意,但是在此地卻恰恰相反。像是涼鞋、皮鞋、登山鞋或雪靴等等,只要是耐穿好看的鞋,藏人都很喜愛。他們也很愛拖鞋(懶人鞋或園丁鞋),因為喇嘛們每天進出佛堂,手中要拿很多東西,如經書、課本或法器,不太方便蹲下來穿鞋,因為裙尾會弄髒。因此除了出遠門之外,日常生活都喜歡穿拖鞋(非夾腳的),這可是內行人才知道的好禮喔!

再來是實用的生活日用品。現在都市的百貨商場裡,都有各式各樣的日用品,對華人而言是很普通的東西,覺得用來送禮或許有失身分。

學院有位喇嘛把自己的皮鞋改造成涼鞋。

但是在台灣和日本才有的這些創意商品，在藏區或是中國的市場裡是買不太到的。其中最受歡迎的是美容美髮用品。縣城以外的偏遠藏區並沒有理髮店或美容院，因此像是電動理髮器、刮鬍刀、吹風機與美髮器材，就是最實用的禮物。其他像是針線組合隨身包、小錢包、萬用工具刀、掏耳棒、指甲刀等等修容用品組，藏人會把這些小工具跟鑰匙圈結在一起，使用率很高。或是背包、暖爐、省電 LED 燈、太陽能商品等等登山用品，也是藏人很喜歡的禮物。或是可以快速磨切黃瓜、蘿蔔的新型小廚具，東西雖小卻很實用，多送幾次也無所謂，因為他們常會弄丟。

送給學生與喇嘛師長的禮物，鋼筆是最合適的。鋼筆在華人世界似乎只有大老闆和作家會用，但是在藏區可是每天寫字都用得到，因為鋼筆或漫畫用的沾水筆，是寫藏文書法的必備工具。如果要送沾水筆，記得附上各種大小款式的筆頭。如果要送禮物給兒童，一般漢地小孩喜歡的造型多、功能多的學習用品，他們也都很喜歡。

穿的尺寸要大，顏色要夠花

我記得第一次買冬天的西藏外套時，藏人教我說衣服一定要大才好！特別是冬天長袖的衣服，當你穿上後，把雙手向前一伸，袖口一定要蓋過手背以上，這樣手部才容易禦寒。當你要送禮時，按照漢人的標準再大上一兩號就對了。其他還有毛衣、圍巾、手套、襪子與防寒風衣等等都很適合用來送禮，我每年都會送幾件毛衣給好友。

除了衣服之外，也可以送假花與花紋類的手工飾品。藏族很重視裝飾，因此無論是在佛堂或自己家裡，都會買很多假花來佈置，而且以顏色愈鮮豔、花朵愈大為佳。如果有迷你型盆栽當然也不錯，剛好可以讓他們供奉在小佛堂內。其他如供佛用的新型 LED 蓮花燈與各種炫麗的造型佛燈，在台灣的佛具店很容易買到，但卻是藏人有錢也買不到的夢幻逸品。各類手工飾品，如手機吊飾、手環、鑰匙圈、DIY 立體貼紙等，也十分符合藏族的裝飾文化，如果能在上面加上對方姓名的拼音，就更貼心了。

在藏人眼裡，除了喇嘛衣服之外，花色比素色好。因為藏裝都是素色的，所以可以搭配花色的上衣與配件。此外也有宗教信仰的因素，如果當

地是信奉薩迦派（花教），他們寺院的圍牆就是白、紅、黑（丈青）三色，所以跟這三色相關的用品都是比較吉祥的，很多藏人喜愛這種配色。

其實並不一定每次往來都要送禮。接下來我想分享的是在跟宗薩的藏人相處時，常會發生一些很貼心的經驗或是送禮的新觀念，有些真心大禮是用錢也買不到的。

宗薩三位大堪布們的收禮之道

說到送禮的難度，宗薩寺的老大們最難送。老堪布的房間除了佛龕之外，桌上只有一個鬧鐘，桌下有個電動刮鬍刀與理髮器，還有手上戴著一只他的學長十幾年前送給他的手錶，此外則完全沒有任何收藏品。人家送什麼給他，他轉手就送人。如果送的是貴重大禮，他就託人變賣成現金，把錢捐給有需要的人。據了解，老堪布這輩子一共捐了大約一百萬人民幣給宗薩學院。

老堪布的大弟子堪布彭朗，對收禮的態度更是一絕。他拿到不需要的禮物時，馬上就會當面回絕，不讓你有台階下；或是收下你的禮物後，故意在你面前轉手把禮物送給別人，那個人甚至可能是你最討厭的師兄姐。當弟子感到氣憤又納悶時，堪布就會說：「送給我就已經是我的了，我再送給別人，這樣有錯嗎？」

又有一次，某位弟子從北京帶來一把全透明的刀，當弟子正興奮地想介紹這把刀有多新穎時，堪布卻納悶地對他說：「透明的刀有比較好嗎？不是一樣都能切東西？」讓那位弟子當場傻愣住。我們總覺得這樣的行為很過分，但是堪布常常會拿此作為修行上的機會教育，要弟子們知道你送的是自己「面子」上的執著，既然送給對方還要管對方怎麼用，那就不是真心無私的禮物了。

此外，他也認為有些禮物是可以共享的，並不一定要歸誰所有。

堪布帶著我去轉白塔，周圍有很多瑪尼石，上面刻著經文或佛像。我看上了一塊，上面刻著大日如來的佛像，雕刻得非常精美。我問堪布可不可以拿走。他說可以。然後又追問我：「你要用它來做什麼呢？」我說：「在家裡擺著。」堪布說：「這樣啊，放在家裡只有

幾個人看到，放在這裡會有很多人看到。」

——袁圓，《宗薩的味道》

老黑堪布的禮物也相當難送，但是有一樣禮物他一定會很樂意收下：一包牙籤！堪布認為牙籤很便宜且每天三餐都能用到，又是用木頭做成的，不會污染環境。堪布喜歡在飯後叼根牙籤，在屋頂散步。原本長相就已經夠兇了，這下子又像多了獠牙的樣子，大家都閃得遠遠的。除此之外，因電腦周邊產品對電腦班工作有幫助，所以他也收，但他對其他的禮物都不太感興趣，會先客氣的收下，然後再轉送給學生。

老黑堪布在巡視電腦班學生工作時，會順便拍拍他們的肩膀，幫他們打打氣。他自己並沒有什麼需求，但是卻會默默地關心學生所欠缺的。記得我第一次要在當地過冬時，因為還沒來得及準備冬天用的喇嘛「保暖毛內裙」（因為裡面不能穿內褲，所以內裙一定要穿有毛的，這樣才能禦寒），但布料並不是那麼容易買到，堪布得知我的難題後，並沒有表示什麼意見，到了隔週卻私下送我一件全新的，我當時真是感動到不知該說什麼。

又有一次我準備離開宗薩回台灣時，他知道我的旅費不夠，當天送別時，突然拿出了人民幣一千元要我路上留著備用（他把鈔票夾在書本裡，顯然是特意準備好的）。我還擔心這是上師給的，意義非凡，我拿了不好意思亂花吧？堪布笑說：「你想太多了！路上拿去吃香喝辣的都隨便你！」當我下次再回來，正準備給他獻上哈達時，他卻拒收，認為自家人做這事太多此一舉了，他認為我根本就沒離開過，何需如此多禮。或許，信任就是堪布常常送給我們的大禮吧！

洛熱老師送我萬用的糌粑與酥油

我記得第一次離開宗薩前，主動開口向洛熱老師請求一份禮物。但這不是我自己要的，而是台灣有位朋友託我幫忙找一套西藏《四部醫典》的傳統經書。洛熱老師聽了之後二話不說就答應了，他從藏經閣裡搬出一套由德格印經院印製的老版本給我。我一看，驚訝地說：「哇！這……這簡

直是古董，這麼貴重，您不需要了嗎？」他笑笑說沒關係，要我儘管拿走。藏人這種灑脫自在的「捨得」，真是令我難忘。

　　另外又有一次中秋節前夕，我住在洛熱老師家。我問他：「明天是中秋節，您們藏族也過中秋嗎？」他搖頭用哄小孩子的語氣說：「沒有～沒有～沒有！」我又不甘心的問：「可是我想吃月餅，怎麼辦？西藏有月餅嗎？」他竟意外的向我保證說：「有！有！有！」「真的假的？藏人不過中秋節，怎麼會有月餅呢？」我就等著他明天會上什麼菜！

　　隔天中午，他真的請師母做了「藏式月餅」，就是他們常吃的烤餅，是一種跟臉一樣大的燒餅球。洛熱老師要我抹上酥油，加上白糖，然後跟吃糌粑一樣，用手揉一揉，混在一起，就是西藏最好吃的月餅了。這……根本就是常見的藏餐，好吃是好吃，但是有種被騙的感覺。洛熱老師看我表情很尷尬，一直大笑！

　　我吃了幾口，在他自在的笑聲中，腦中浮現了西藏生日蛋糕、粽子、年糕……。「啊！」我當下才突然明白，西藏對佳節的定義在「心」，而不是食物本身。一樣簡單的糌粑、酥油茶、牛奶，可以變化成任何國度、任何民族的節日大餐。無論你身在何處，只要心是什麼，就可以享用什麼食物。那一天，是我這輩子第一次吃到「真正」的月餅。

　　藏人從不期望你送他多麼貴重的外來禮品，只要把你的心打開，全然接受對方的文化，樂在其中就是最好的禮物。

這就是當時洛熱老師特地幫我
準備的藏式中秋月餅（用當地
麵粉加酥油），不禁讓我想到：
只要有心，人人都可以是食神！

第22話
樂在
無名

西藏最美的笑容，不需要名字。

　　通常翻開自己的書本、照片、作品……，只要屬於自己的東西，多半都會署名。在樂捐行善時，也習慣在功德簿上留名；參加任何活動，一定都要報上自己的名字；學習榜單上也要力爭前茅。總而言之，在現代文明社會裡，名字就是身分與地位的象徵，但就在你已認同名字等同於自我存在的同時，一定不知道有個地方卻是以無名爲樂。他們生也無名，功也無名，死也無名……

生也無名

　　西藏人的名字，說有也算沒有，因爲相似度極高，以台灣話來講就是所謂的「菜市場名」。就以藏名「扎西」爲例，你在任何一個藏區大喊，一定會有 N 位藏人以爲你在叫他或是他朋友。藏人的名字多半包含著佛菩薩的名號，如「桑傑」是佛，「拉姆」是天女，再結合自然萬物如太陽、月亮、天空、蓮花等吉祥詞，就能配對成好的藏名。正因爲他們都是諸佛菩薩的名字與天地萬物的組合，因此不能跟菜市場名來作比擬，否則會十分低俗且不敬。

　　萬一遇上同名怎麼辦？一般都會先以家族、家鄉與寺院之名來另取別名，例如「拉薩」多傑或是「青海」多傑。如果又同鄉鎮的話，就以

只要你真心叫聲「喇嘛拉」，他們都很樂意對你回眸一笑喔！

家族名爲準，如果是喇嘛就冠上寺院名，如「宗薩」多傑；再不行的話，就是以年紀老少或體型來區分「大」多傑與「小」多傑。總之，無論再怎麼雷同，他們就是有辦法爲君一一分別。

對他們而言，名字沒有好壞的區分，名字只是個方便代號，因此西藏人可以說沒有原創的名字。「文殊菩薩你好！」「吉祥三寶你好！」呼喊對方名字就等於在念佛號。

活也無名

在傳統藏區，無論是宗教法會或是婚喪喜慶等聚會活動，並不會發廣告單，都是隨喜參加，不需要事先報名，現場也不需要簽到。但是基於禮貌，通常藏人都會攜帶幾條潔白的哈達獻給主人。除非有行政紙筆記錄的必要，否則一般藏族都是以哈達作爲傳情達意的工具，不需要簽名與登記。哈達就像西藏人共同的名片，一條萬事皆可達。

一般在寺院與學院上課不會點名，點名是管家喇嘛私下默默進行的。上課時不會一一唱名，堪布老師都很清楚學生的狀況，因此幾乎沒有翹課的學生。

除了一些比較正規的教師（堪布、格西）資格考試外，以宗薩學院爲例，一般在日常考試上也不會排名次。堪布不會要求你的成績好壞，但是會要求你乖乖念書。當一天和尚敲一天鐘，爲了加深學習，留級不是丟臉的事，而且還是常態。文憑不是學習的目標，而是爲了理解甚深無上的佛法。

我們習慣在自己創作的藝術作品上簽名、落款，以茲證明版權。但是西藏主要的工藝（工巧明）都是以諸佛菩薩爲題材，各材質的佛像、唐卡、佛經印刷、建築與傢俱雕刻等等，都要避免簽名，因爲簽名就象徵自我的傲慢，最多是在不明顯的地方稍微註記而已。

除此之外，一般日用品也不簽名。之前提到西藏人的名字多半是佛菩薩的名字，所以不可以隨意簽名，衣服、褲襪、經書、文具、碗筷杯具等食衣住行用品，都盡量不要簽名爲好。譬如坐墊，總不能把佛菩薩之名坐在自己的臀部下吧？而課本經書都是佛菩薩之語，不能隨意簽名或是筆記，以示莊嚴。佛經以外的物品他們會用一些簡單的幾何圖形來做記號，

像是喇嘛們因為每天都要使用夜壺，白天上課時，大家去廁所傾倒後會
先擺在路邊，等下課後再順手帶回房裡。這時一堆夜壺放在一起便很容
易拿錯，但是又不能簽名，所以大家就會綁上非紅黃色系的布條或是繩
子，或者在上頭畫個圈圈作記號。其他物品也是同樣的方式，只是稍作
區隔而已。

功也無名

　　他們不只生活無名，連追求夢想也是無名。對忙碌於家庭、學業、
工作的現代人而言，能在生命中撥出一段空檔出去旅行、實踐夢想，是
件很難得的大事。一個人去西藏旅行一百天，或是騎單車繞雪山，如果
是宗教信徒，可能還會舉辦一些盛典或是短期閉關修行，之後各家電視
新聞、報章雜誌就會專題介紹作者難得的辛苦心路歷程。因為在這樣盲、
忙、茫的時代裡，這般的舉動就已經是很牛的大事了。無論如何，能夠
勇敢踏出這一步的人已經很值得嘉獎。但是你大概沒想到，這樣的壯舉
在西藏人眼裡只是小事一椿，因為很多西藏人是以這樣的無名修行而樂
此不疲的。

　　大家都知道轉山、大禮拜等方式的朝聖行吧？有些西藏人變賣所有
家產，把日用品放在一台手拉拖車上，一人護持這些維生用的物品，沿
路不畏任何艱難磕頭禮拜。他們沒有時間表，沒有多餘的金錢，一路上
多半只能靠乞食，他們轉遍了千山萬水，經過了無數地方，心裡只有一
個目標，可能是拉薩，也可能是他心中的某個聖地，然後便義無反顧地
一心一意朝拜到底，從半年到一輩子都願意。

　　路途上，他們經歷了無盡的痛苦、害怕、恐懼、饑餓等苦難的洗禮，
他們修的不是功名，而是內心的平靜與最終的佛土，宛如河水奔向大海，
路上的風景、花草沙石都只是生命中的過客。沒有人知道他們的名字，
抵達終點後也沒有留下名字，沒有將經歷拿去投稿西藏雜誌或是佛教刊
物，也沒有留下照片或是日記，這樣的勇氣在藏區比比皆是，可以說是
無名精神的最高典範。

　　當我們到寺院點酥油燈、光明燈或是捐善款時，會匿名行善的人畢
竟是少數，但是在西藏卻處處可見。多數漢人在點燈時，要用紅紙條貼

他們轉遍千山萬水，
轉的不是權貴山谷，
轉的不是名利江河，
而是自心中的佛菩薩。

在酥油燈上，寫上迴向的大名。或是乾脆用一張大紅紙或是黃紙來製作功德名錄海報，而且還要寫上供養的金額，深信這樣的善業比較有具體的福報。

西藏的點燈沒有立名，參拜各大西藏寺院時，你只要買一包酥油，帶上湯匙，在寺院裡的酥油燈裡，挖上幾匙酥油添進去。如果沒帶，可以向管家喇嘛說一聲，費用隨喜，甚至只要一條哈達或是虔誠的禮拜，管家都會樂意為你免費點上一盞燈。在宗薩學院，課程圓滿結束時，喇嘛同學們會隨喜供養要製作酥油燈的費用，沒有規定每人要捐多少，一元也可以，一百元也行，甚至無償功德迴向隨喜都可以，無須留名，功德共明。

在西藏傳統寺院的法事活動中，沒有所謂的功德主名單、榜單。需要做迴向的委託人，到管家喇嘛那裡登記，或是寫張紙條。紙條不需要很複雜，只要寫上名字、供養多少錢、欲委託修的法（如六字大明咒或藥師經）、與迴向的對象，也可以委託朋友代書，只需要跟管家說清楚即可。在法會進行期間的休息片段，管家喇嘛會從手上的一堆紙條中，對著僧俗大眾，一一唸出每位功德主的名字與祈禱文內容。因為西藏同名的情況很多，眾多同名的功德主名字會不斷反覆出現，像我的藏名「達瓦策令」，在學院天天會出現至少二至三次，大家卻絲毫不在意你我，因為隨喜也是一份共同的功德。

通常我們會將功德主名單記錄存檔，甚至是印刷公佈，但是西藏人卻反其道而行，立即揉掉作廢。外來的漢人看了，心裡大概揪一下想：「怎麼把我的功德揉掉了？」揉掉後會火化或是另外回收處理，反正就是不會建檔留存就是了，因為他們認為功德文已經宣告完畢了，無量的功德也已經產生了，這些名單留下來只會帶來執著。藏人相信每一份小小隨喜的力量，都會和大家一同分享這份祝福。

死也無名

不但活著的西藏人不在意名字，就連往生的人也不例外。你大概聽過聞名全世界的「天葬」文化，但是卻很少知道藏族也有塔葬和土葬等

西藏人的墓碑用六字大明咒等佛號來取代亡者的名字，
讓每位經過此地的人都能得到加持與祝福。

喪葬方式。西藏的佛塔十分常見，無論是紀念佛陀的八大佛塔，還是高僧大德留下的舍利塔，也都未曾在塔的外表上留名。他們以身作則的風範，深深影響了西藏人的生死文化。

　　一般藏族百姓的墳墓也是無名的。當你旅遊到藏區山上或路邊時，應該會看到很多刻著稱為「瑪尼堆」（六字大明咒）的西藏咒語石牌堆，但是仔細分辨一下，如果不是一堆疊聚在一塊的，有些就可能是墓碑，因為它們和瑪尼堆一樣都是刻著六字大明咒的石牌。

　　區別的方法就是，瑪尼石堆會蓋成「ㄇ」字型，其次就是底下可能會多一塊象徵超越時空的「時輪金剛」咒字牌。藏民認為，如果在墓碑上刻自己的名字，就只有自家人能來祭拜祈福；如果大家都放上觀音菩薩的佛牌，就可以加持到每位路人，讓大家都可以得到祝福，這樣不是更好嗎？藏人不立祖先牌位，他們認為往生的親人已經到佛菩薩那裡去，變成一家人了，所以立佛牌就等同於立祖先牌位，讓佛菩薩跟世界上無數戶家庭的先父先母們一起來加持雪域的每一個家庭，這是相當聰明且有大愛的方式！

宗薩無名

宗薩蔣揚欽哲仁波切在台灣、中國內地與海外相當有名,網路上也有各種以他為名的部落格與粉絲團,大家似乎都想搶得仁波切的最新消息與開示。但是你一定沒想到,其實宗薩祖寺的鄉民信徒們,跟仁波切一點都不熟,甚至沒人敢稱自己是宗薩仁波切的熟識弟子。這裡指的不熟並非是不認識,而是指大家根本不知道仁波切愛吃什麼菜、戴什麼手錶、去過哪裡、說了哪些佛法、或是任何最新的私人近況。

宗薩的三位大堪布們與洛熱老師也一樣,他們雖然常常透過越洋電話與網路幫仁波切處理寺務,但是在任何文宣與場合中,幾乎都不會拿仁波切之名來替自己打廣告。有時候仁波切會打電話通知大家該唸什麼經、迴向給哪些人,大家就毫不猶豫地照辦;反觀都市裡的信徒,仁波切要你每天打坐五分鐘,都還要勉強考慮一下。

我的師父堪布久美多杰雖然不是宗薩寺和薩迦派的喇嘛,卻是宗薩仁波切在台演講時的座下常客。台下的聽眾多是華人和老外,藏族的喇嘛通常不會超過五人,但他卻從來沒有試著想去認識仁波切本人。

二〇〇三年九月,堪布久美多杰在國父紀念館聽完宗薩仁波切的演講後,剛好在路上巧遇仁波切準備搭計程車離開,堪布不好意思的跑過去低著頭告訴仁波切說:「我是從馬爾康來的喇嘛,聽了仁波切的開示覺得受益無窮,感謝仁波切。」然後就低調的離開了,連轉身要我幫忙拍張合照的要求都沒有。堪布告訴我:「我希望認識的是仁波切的『法』,而不是知道仁波切私下有什麼喜好,或是想辦法讓他認識我。」

這裡的藏人都簡稱宗薩仁波切為欽哲仁波切,每次老藏人們一聽到仁波切的名號,總是仰望著天,雙手合十,然後就紅了眼眶。在他們的心中,可以說是時時刻刻都跟仁波切很熟。無論是宗薩仁波切也好,其他藏區的喇嘛活佛也好,對傳統藏人而言,心裡都十分明白,縱使哪天仁波切突然換上奇裝異服或是消失數年不見人影,他們的信念也不會因而改變,因為他們依的不是人與名,而是佛法。

西藏人從生到死,皆深受佛法影響,他們生活純樸,日日靠著潔白的哈達來傳遞彼此的信任。你一匙酥油,我一束花,上供諸佛菩薩,沒有比較與分別,共同莊嚴佛陀淨土。你的名字中有我,我的名字中也有

你，我們都是同一個無分別的佛菩薩化身，這也是藏傳佛法的精華所在，深深烙印在雪域百姓的血脈基因裡，代代相傳。

看到這裡，你大概不禁納悶：現代的西藏人真的這麼完美、這麼清高嗎？當然，現代化的腳步已踏入西藏，西藏人的生活也開始離不開手機、銀行等等需要身分證明來辦理的地方。但是就如上述「宗薩無名」那一段所談的，無名精神的意義並不是在於不能擁有很多名字，而是不執著名字與面子。我相信世界各個角落都有這樣臥虎藏龍的人，他們繼承了這種精神，默默地行善或是做有意義的事，如果你也願意加入，樂在無名的精神也一樣能代代相傳，不是嗎？

每次我在法會上見到這樣虔誠合十的老阿媽，
總會油然生起一股莫名的敬意與感動。

我第一次在西藏過冬時，怕腳會凍傷，所以將兩雙雪靴疊成一雙。每當同學們看到這雙「雙層」大鞋，都覺得既羨慕又好笑。

　　我剛到學院學習的第一年冬天，覺得手腳冰冷，但是我想觀察一下其他藏人是不是也會怕冷？還是只有我自己有這樣的感覺而已？每當降雪前一天或是化雪之際，氣溫都會驟降，學生走路去上課，都會用披肩把頭包起來，或是將裙子穿得特別低，雪靴穿得特別大雙，因此，生活在雪域的喇嘛，不見得人人都不怕冷，而且感冒的人一點都不少。

　　學院的喇嘛學生制服規定不能穿戴帽子、手套與褲襪等等禦寒小物，如此一來，身體穿得厚厚的，但是四肢和光頭卻光溜溜、冷颼颼的，這種三溫暖的感覺實在很不是滋味。我就因此感冒了，不太想去上課，而有了請病假的念頭。隔天中午，我決定去跟堪布抱怨這件事。

　　我全身緊縮，靠在門邊說：「堪布，為什麼不能讓大家穿襪子呢？您知道嗎？按照中醫與西醫的理論，腳底有很多穴道，如果受寒，是很容易生病的！」堪布卻輕鬆地反問一句讓我永生難忘的話：「難道你在台灣天天穿襪子，就從來不會感冒嗎？」

　　「啊？」我這輩子第一次真正體會到什麼叫醍醐灌頂、當頭棒喝！（難道這是傳說中的開悟嗎？當然不是！因為我還是笨笨的……）我將這句話牢記在心，日後幾乎就再也沒有為了生病而找藉口，感冒的機率真的變少了。那是我這輩子最強而有力的抗體、免疫劑，有了它，這輩子便無需再為任何環境的寒熱而怨天尤人了吧？

第23話
雪中的
紅楓葉

喇嘛們身上穿的是
秋天楓紅的衣裳，
穿梭在白色的雪道上，
見證隨時飄落的無常。

其一　秋楓，黃金印象

　　大約中秋節之後，大地就脫下了豔綠的彩妝，換上卡其色外衣，青稞也該收成了，日照非常強烈，但是天候卻十分涼爽。我非常喜歡這樣舒適的季節，心情很容易沉澱下來。

　　看著陽光遍滿米色的青稞田與四周群山，整個山谷猶如幻化成金色的古典畫，十分動人，街道上落滿枯葉（還好藏人並不認為這是髒亂，所以無須打掃），喇嘛們不停地穿梭在樹道間，那宛如紅楓般火紅的袈裟，是西藏特有的秋景。

　　距離「佛陀天降日」（藏曆九月二十二日）後的秋假還有一個多月，這個季節是最令人百感交集的，因為剛過完盛夏的歡樂，入冬之後便將進入漫長的冬季，戶外的活動都會停擺，很多學生此時此刻的心情都大不相同。選擇留下來繼續跟課業奮鬥的人要慢慢收心，選擇離去的人則開始向朋友道別。藏區的道別是很隨意的，可能在路上碰見個老朋友，他就會深情的跟你握個手說：「我明天就要離開了！你保重！」那隨口的別離，可能就是這輩子最後一次碰面。沒有留戀，也不會特地舉辦歡送會，悄悄地來，悄悄地離去。有位喇嘛說：「如果我跟你有緣，生生世世、隨時隨地都會不斷地碰面，所以請不要為了這次的別離而傷心！」

其二　冬天刷牆記

　　西藏大掃除的時間和華人地區不一樣，他們並非過年前才清掃。以宗薩寺與學院為例，除了每半月一次的布薩日要稍作環境清掃之外，大約每年的藏曆九月八日左右（大約是西曆的十月中旬以後），所有寺院相關單位的外圍牆都要重新上漆。

　　刷牆的方法很有趣，並不是用刷子一筆一筆塗上去，而是準備幾桶原料，直接用茶壺一一從上往下淋，就是這麼簡單而自然。每一道牆面上幾乎都累積了十多年來反覆上色的漆痕，由於沒有添加任何化學防水膠，因此如果衣服碰到牆面便會染到顏色，所以大家沒事不會去觸摸牆面。雖然這裡也有很多頑皮的學生，但是因為知道這道牆代表著護法神

（左）宗薩寺是薩迦派的寺院，外牆有點類似法國國旗色，這也是為何薩迦派又被稱作「花教」的原因。牆面上那三色，象徵寺院所修持的護法神，會保佑百姓。

（右）冬季的一場戶外法會剛剛結束，路上的喇嘛們宛如西藏的秋楓，時時刻刻都是離別的季節。

的神聖形象，所以幾乎沒有人敢在上面蹬腳印或是刻字留言，久而久之，這種三色牆面就有了一種隔離與保護作用。

刷漆的工程大約半天的時間就可以完工，這時漆水灑得到處都是，工作人員從頭到腳都黑成一團，但是他們卻絲毫不在意，還樂在其中。衣服那麼髒（混合了礦物與植物性油料），要怎麼洗呢？難道西藏有自產什麼超神奇的去漬洗衣粉嗎？當然沒有，他們是用最便宜的洗衣粉，也就是到河邊去洗！換作是我自己洗的話，光是一點油汙就搓到手酸了，真不知道他們為何能洗得這麼開心？或許他們心中有包名為「自在」的秘方吧！

其三　堪布生病記

我一直以為生長在雪域的藏人都不怕冷，沒想到他們在換季與入冬之時，其實很容易生病。很多藏人與喇嘛都會趁這段期間請長假，回家鄉或

227

是到都市去看病。堪布在學院近二十年來沒生過重病（就是嚴重到需去醫院就診的情況），他笑說大概是因為他在課堂上的法座高高在上，所以學生咳嗽的病毒飄不了那麼高；或是他的房間沒有太多學生敢來，所以不會傳染給他。但是我看到的情況卻不是這樣，我不認為堪布的身體真的那麼硬朗。

最早遇到堪布發生意外的情況，是某天中午。堪布在廚房時誤踩到三公分長的生鏽鐵釘，但他居然還在大家面前若無其事地走來走去。我急忙找便車去一公里外的西藥房買破傷風的藥，所幸這只是虛驚一場，堪布很快就痊癒了。第二次是在〇九年過年前，有一天清晨我去堪布那上課，剛踏進門時，堪布一臉臃腫猙獰的說：「你回去吧！今天我不舒服！」堪布說可能是因為高血壓，所以引發眼痛和牙痛。他一說完就躺回床上，沒再說話了。當時才六點多，我一回房內，就急忙偷打手機給洛熱老師，請他來急診。結果九點多時，我看到堪布居然又裝作若無其事地上課，完全看不出痛苦的樣子。下課時，洛熱老師來給他把脈，居然查無異狀。中午下課後，我去探望他，他正在流鼻血，把整張衛生紙都染紅了。堪布說這情況既正常也奇怪，他感冒時吃西藥會肚子痛，吃藏藥就會高血壓，我倒覺得他應該是有藥物過敏體質。

後來無論醫生怎麼看診，就是沒有異狀，難道堪布只在我面前才剛好出現重病的樣子嗎？到底是堪布在強顏歡笑？還是我的錯覺呢？我當時真的十分懷疑堪布說自己二十年來沒生過重病的真相，其實真相就是他不願意別人為他的小事而擔憂。

堪布生病那段期間，脾氣特別不好，最後他語重心長地告訴我：「我早就跟你說過了，我不是什麼上師、大喇嘛，我不過是位也會生病的凡夫俗子。當你太關心我、跟我關係太好時，就會看到很多不該看的，我就是這樣一位愛亂發脾氣又虛偽不認病的壞人！」師徒之間的完美信任感，就像四季一樣，如果你相信且喜歡他那如春夏明媚的陽光，同時也得接受如秋冬之際般多變的病苦風暴。

其四　大門口常常出現的「白布包」

學院在每天早上六點多的複習課期間，門口偶爾會出現幾根木頭架

起來，上面擺置一包白色類似大米的麻布袋。我第一次看到時，以為是入冬時要請喇嘛祈福用的糧食。

後來七點四十五分，距離上課還有十五分鐘卻提早敲鑼了。全員都到大門口，恭請堪布上座後，大家就隨地坐在土石路上，開始誦經。我這才發現，原來那包不是大米，而是「大體」！這真是雷倒我了，大體怎麼可能裝進那麼小的麻布袋呢？我問好友南加，他笑我說：「等你死後，就會知道答案了！」

原來他們真的是把大體捲成蹲姿抱胸狀後裝入麻布袋。因為藏地的氣候乾燥與一些特殊處理手法，藏人往生後，整個身體會快速地脫水與縮小，就算是位高大魁武的康巴漢子，也差不多是一樣大的麻布袋尺寸。經過四十九天的度亡法會後，不用棺材，而是用簡單的木架把大體抬到墓地去埋，蓋上無名的佛號石牌，一切就結束了。

春夏時，一兩個月會發生一次；秋冬時，情況嚴重一點的話，每週都會在門口見到這樣的大體白布包，就這樣靜靜地躺在上學的路途中，而且因為上課時間未到，大家都會忙著打理上課前的事，而視若無睹地繞過它

藏族的葬禮通常是不方便拍照的，有時候家屬甚至會砸毀照相者的相機，所以我不能光明正大地拍攝這樣的場景，只好利用一次機會，躲到二樓一位朋友的房內，透過窗口才得以拍下這禁忌的畫面。因為上面沒有直見大體，沒有名字，也不見家屬，所以堪布才旦同意將這樣的畫面公開，好讓早已經習慣與認為風光大葬為上好的我們知道，世界上還有這樣簡樸而隆重的葬禮文化。

去上廁所，或是提著熱水瓶，或是坐在前面聊天，完全看不出來大家對此有何感受，就好像是學院的必修課一樣自然。

難道他們對生死已經麻木了嗎？誦經期間大家的表情都很平和。法會結束後，可以見到大家的慈悲面容。我一直無法適應這樣的心情，這才發現，原來我活了二、三十年，看見死亡就一定要傷悲的慣性表情是為環境所逼，假裝痛哭一百遍，還遠不及喇嘛們面對此情此景般自然。

簡短的超度加持法會常常會伴隨著飄雪，是那種可以見到六角冰晶狀的雪花，一落在身上沒幾秒就化掉了。當我回過神來，約十五分鐘的超度儀式就完成了，村子就這樣少了一個人，你不知道他是誰，也看不到他在麻布袋裡的模樣，不知道他要葬在哪裡，更不知道明天還有誰會躺在這裡，每當我思索這些還未能適應的問題，又要接著進課堂去上課，課後那種悲傷的感覺又慢慢淡忘了，西藏這裡的生死課題若隱若現，我至今仍無法捉摸。

其五 祈福集結號

除非是病患的親朋好友，否則一般人很難為陌生人的生離死別而憂喜。但是西藏有一種特別的習俗，能讓當地人知道現在有沒有人正在承受痛苦。

學院的夜晚，特別是有紀念日的夜晚，會刻意安排一段演奏：山下的學院奏樂，山上的寺院也跟著合鳴。但是有些是普通日，還是常常會聽到吹奏法器的聲音，不過只有小海螺的聲音：「嗚～～～嗚～～」我當時認為應該是一些學生在練習，但是愈聽愈不對勁，這海螺聲只吹三次，每次間隔十五分鐘，而且都是在晚上十點左右吹。後來我向好友南加打聽之下，才知道原來這是祈福用的集結號。

在當地，只要當天有民眾發生病危死難之事，委託人便會來請求寺院或是學院的鐵棒喇嘛安排吹奏海螺，費用完全隨喜，一元也可以。負責的學生在晚上最後一次下課前的半小時吹號。由於海螺聲很沉穩而悠遠，再加上西藏人晚上不工作，日落之後，街道相當寧靜，基本上鄰近半公里內的住戶都能聽到。這時就是要通知大家：此時此刻有人正在受

藏人面對生老病死的態度，既豁達又釋然

苦受難，請個人或全家作隨喜祈福，將加持的力量迴向給那位受難者。

你可能會想，只聽到聲音，卻沒見到人，究竟該迴向祝福誰呢？這完全不用擔心，因為佛菩薩都知道大家共同的心意。再說，吹奏者在開始吹之前就會這般發願了：「願聞此聲號者，都能得到解脫痛苦的力量。願因為聞此聲號而修法作迴向者，都能共同加持到那些需要被加持的人。」所以，每當聽聞到海螺聲的夜晚，月光下不曉得聚集了多少人的希望之力，不但能間接利益到那些受苦者，同時聽聞者也會警惕自己這是無常之聲，應當精進修行不懈。

我曾經想像過，如果台北市也安排這樣的集結號，不曉得會發生什麼事？每家醫院或寺院只要有病人或亡者，就用大音響向市民宣告。這技術其實不難，但是千百家醫院每分每秒都有那麼多苦難者，台北的天空肯定二十四小時、甚至全年無休地吹奏死亡之音，真是件超級可怕的景象，想到這裡就打消了這個不可能實現的念頭。

正因為全世界每分每秒的傷亡人數無數，因此有許多人居住的地方，反而沒人想知道這些生死大事。縱使電視新聞、報紙與網路等管道播了再多、再具體的消息，也似乎都與我們無關。

西藏的冬季宛如沒有光害的星空，白雪覆蓋大地，雪中的腳印，降紅色的背影，木架上的白布包……生老病死的足跡像過眼雲煙，卻又歷歷在目，這一切對我而言太過沉重。當我第一次在此過冬，發現受寒的不是我的身軀，而是我那茫然若失的心。

從洛熱老師家樓頂上看出去的雪景圖

白雲朵朵其片飄茫茫，細雨綿綿及觸冷傷傷，
極豔花朵之翼閃爍爍，無常變法思感傷悲悲。

（藏文：堪布才旦／中譯：原人）

二○○八年三月十四日前後，拉薩發生藏民上街打砸搶燒的暴動事件
（簡稱三一四事件），各大藏區都開始引發騷動。堪布才旦為了避免大家被
波及，毅然宣佈學院無限期停課，要大家返家鄉自修，直至暴動恢復平靜為
止。那一年我也因為是外籍人士的因素，被限制進入藏區。堪布也返鄉靜修，
這首詩就是他見到家鄉的草原、山巒時，有感而發所作的，也是堪布生平罕
見的詩詞創作。

堪布認為：「人們總是得在遇到苦難時，才知道珍惜。其實大自然中的
雲朵、細雨、花朵都在告訴我們無常的道理，這些景物一年四季都不斷變幻
來警示我們。」唉……無常啊！在天空中轉呀轉，我們的雙腳，是否也徒勞
無功地在原地踩踏、空轉著呢？

第２４話
佛經裡始終
找不到的字

究竟是哪兩個字
讓老黑堪布他們的人生沒有最終話？

多害怕　在未來
人類對一切習慣
拿著字典一頁頁的翻
始終找不到的字是不是愛
　　　　　　——《晚安，地球人》五月天

那天，堪布告訴我，佛經裡因爲找不到「那兩個字」，所以絕對不會讓我們字典裡的「愛」消失。

二〇〇八年，因爲北京奧運的政令限制，我在成都從四月份等到十月份才得以進入藏區。學院在這段期間也剛好停課了，往年我總是在這時候離開宗薩，今年卻是這時候回來。許久不見堪布了，我進門想向他獻上哈達，但我的手都還沒伸出來，他看到只笑說：「幹啥？」然後就若無其事的走進房裡，那當下我感覺自己好像從沒離開過一樣。

十月底的一次布薩日下午，剛剃完頭的堪布才旦突然出現在洛熱老師家三樓客廳。沒有人料到大堪布會這樣無聲無息的出現，洛熱老師驚嚇的起身呼喊師母快點招待堪布。一般而言，只要有大堪布或仁波切要來，都會有人事先通知，像老黑堪布這樣低調客氣的情況實在罕見。洛熱老師客氣的恭請堪布進客廳右邊的喇嘛房裡上座，關起門來聊私事。

他們倆談到快天黑，堪布便被專車接回學院了，事情就這樣過了幾天。後來洛熱老師他們用藏語聊天時，我才知道原來是堪布要退休的驚人消息。堪布那天就是特地來向洛熱老師請示的，但這樣的做法也未免太迅速與低調了吧？

堪布告訴我，其實年初或去年自己就該退休了，因爲這一兩年來，西藏發生很多事情，他不想讓新任堪布一上任就接下這麼辛苦的棒子，但現在時機成熟了，幾位堪布已經有在校內任教多年的經驗，所以該讓他們學習怎麼管理學院了。

我問堪布：「您退休後，是不是沒事做了？不能再教書了嗎？」堪布信心滿滿地說：「我前陣子看了淨空法師的講經影片，他說：『我把一整套《大藏經》從第一頁翻到最後一頁，再從最後一頁翻回來第一頁，都沒找到那個字！』你猜猜看是什麼字？」「什麼字？」我想了一下，還是猜不到。

堪布大聲說：「是『退休』兩字！」

退休法會安排在二〇〇八年十一月佛陀天降日上午,由老堪布親自為新任堪布戴上象徵佛法智者的班智達法帽,堪布才旦再向他獻上聖潔的哈達與供養物。接班人堪布桑珠在校內學習與任教長達十五年,法名為「賢遍寧波」,意思是利他之心,這應該也是堪布才旦對他的期許吧!

　　堪布接著解釋說:「淨空法師說自己已經一大把年紀了,還天天在講經說法,因為菩薩們是從來不會退休的!你覺得他說的這段話有沒有道理?」對一般人而言,比較常聽到的是「活到老、學到老」的觀念,但是西藏人不只要學到老而已,還發誓這輩子沒學好的,下輩子還要繼續學!因此無論是求學還是奉獻服務,是生生世世不間斷的事,所以就算已經成佛、成為菩薩了,仍然還是會乘願再來。

　　就西藏傳統社會而言,並沒有退休制度,也沒有退休年齡或是巨額的退休金。有些堪布三十歲不到就卸任住持堪布的職位了,但還是不斷到其他地方去任教,甚至繼續向其他大師們求法與學習,因此對老黑堪布而言,這只是完成第一階段的教學工作,後面的教育之路是無窮無盡的。

第十二任，任了十二年

退休法會，在西藏稱為「昇座典禮」，因為主角是新任堪布，而不是退休堪布。這次有一位接班的大堪布桑珠，與兩位正式的堪布扎西與昂登，他們三人都是同班同學，但是首席只能有一位。除此之外，他們受尊重的地位都是一樣的，喇嘛在路上看到他們，也是要彎腰行禮。

昇座典禮並不複雜，就是由最資深的老堪布幫新任堪布戴上象徵班智達（大博士之意）的法帽，卸任的堪布會帶領寺院代表與全校學生們向新任堪布做供養儀式，之後，堪布就在自己座位上分享自己的退休感言。堪布在感言中除了感謝自己的恩師外，最主要的是交待為何像他這樣普通之人，能任期這麼長還不退休？他分享了這些年來的教改心路歷程，十二年來他有一半時間是在培養師資，一半時間是在督導儲備師資的實習教學。現在他所栽培的幾位堪布學生都已經可以獨當一面，當前輩都可以退休了，他們才正式上任，這下子總算對得起當初交棒給他的恩師老堪布與堪布彭措朗加。

堪布說自己這十二年最難過的就是人才流失。常常有急著想單飛的堪布離開，因為同樣的學歷與學問，到其他寺院或學院就足以當一人之下萬人之上的大堪布了；同時也有許多活佛以私情的壓力來挖角，常常使得一些老師落於大材小用的窘況。經過十多年來的利益考驗，最後留下的都是沒有任何名利欲求的老師，算是不幸中的大幸。

有求必應的退休生活

堪布才旦退休後的生活依舊如往昔般低調，他還是住在那間老房舍裡，房子沒有變大，酥油、糌粑也沒有變多。一般的退休堪布或是寺院喇嘛，會去各地接受更多的傳承，學習各種灌頂與閉關實修技巧，或是到漢地、海外收徒來行佛教事業。但是堪布才旦完全沒有想到這些，只靜靜地坐在自己的房間裡，連成為讓人景仰的大師這個念頭都沒有。

堪布退休前，一直在學院內教學而鮮少出門，因此當地並沒有太多人認識他。現在暫時不任課了，當地民眾當然不會錯過這個好機會，便

ང་ལ་བརྙས་བཅོས་པོར་འདུག་བཤོས་མ་གནང་རོགས། རྫོང་སར་བཤད་གྲྭའི་ཁྲི་པ་ཁ་བོ་ཆིག་ལ།
འཕུར་ལོ་བཅུ་གཉིས་རེད། ཉིད་ཆུང་ངར་རང་ལ་གཟ་ཆེན་ཞིག་གི་གོ་སྐབས་མ་ལོང་། མ་འོངས
པར་ཡང་སྒྱུ་འདོངས་མེད། རྒྱུ་མཚན་ནི་ངར་རང་སེམས་ཁྲེལ་ཡིན། ངེས་ན་འདི་འདྲའི་ལས
ཀ་འདིར་ལམ། ངར་འགྱུར་ཕྱལ་ཕྱས་ལས་ཀ་ཞིག་རེད།

「你不需要把我看得太高，
雖然我是宗薩學院任期十二年的首座堪布，
但是我從來不認為自己是一位大堪布，
即使未來也一樣不會改變，
理由呢？因為我自己心知肚明，
現在這樣的工作（教兒童班）是適合我的，
這只是我的一份正常職責而已。」

（這是堪布在我當時的藏文日記裡寫下關於他任
教兒童班的心得，我大概翻譯了中文意思。）

開始邀請他到戶外來爲社區鄉民們開示佛法，大家也才真正見識到他的真性情。

堪布是個心地柔軟的人，幾乎是有求必應。他在社區法會現場上這樣說：「雖然我是位教了十幾年書的退休堪布，但我不敢說自己的學問是最好的，不過我認爲我應該有足夠的能力教你們一些藏文或歷史文化。只要你們想學，就算只有一個人來，我也會全心全意教他！」「這是真的嗎？」大家聽了不免覺得這只是一般喇嘛常會講的客套話，一般人哪敢這樣去找大堪布當老師呢？就這樣過了幾天，真的沒人敢去找大堪布。最後，終於有一位中年藏族男子偷偷地來到堪布的房間，不好意思的獻上哈達，請求堪布教他一些基本藏文文法。堪布當然義不容辭地答應了。沒幾天，這件事很快就傳遍了整個麥宿地區，學生一個一個慕名而來，最後還有一群學生組團前來請求堪布爲他們開班授課。你一定沒想到是什麼樣的學生？是一群正在放寒假的小學生！堪布當然也答應了。

幫中小學生上課？這可是件大事！因爲該院的院史上，從來沒有大堪布、大活佛爲小朋友開班上課的特例！其他寺院的情況應該也差不多。這樣大材小用的事，何必要動用到大堪布呢？隨便派一位學生講師都能勝任。但堪布的理由是：「學院的學生和講師有自己的課要上，不能給他們添麻煩，這種小事我自己來就好了！再說，教小學生有什麼難的？」

就這樣，一位退休的大堪布搖身一變成爲小學老師，破例開了一班有一百多人的兒童藏文班，很多中學生、大學生和家長也跑來圍觀或旁聽。最難能可貴的是，堪布根本沒接受過小學的師資培訓教育方式，卻能像一位親切、和藹可親的母親一樣，按照小朋友的習性來教書，每上五分鐘的課文，就停下來問大家問題，帶大家朗誦課文，爲學生們印藏文講義，教他們怎麼準備寫藏文書法用的竹筆，可說把學生們照顧得無微不至。

這美名在當地傳爲佳話，當大家私下聊到堪布才且時，評語都是：「他是好人！」這句話從藏人口中說出來感覺特別納悶，這句形容詞一般不會用來形容活佛、喇嘛，因爲他們在藏民心中本來就有很崇高的地位，只是能被稱作「好人」的情況確實很罕見，或許是藏民被堪布才且那份超平民的真心所感動的緣故吧！

我想當地百姓們對堪布才且的印象已經不再是以往又兇又神秘的「黑」色形象，而是宛如西藏黑茶般讓人暖心暖肺，感到十分親切。

你看到那數不清的街道嗎？
如何只選擇其中一條去走？
一個共度一生的女人，
一幢屬於自己的屋子，
一種生與死的方式，
你甚至不知道什麼時候才是盡頭。
一想到這個，難道不會害怕，不會崩潰嗎？

我在這艘船上出生。
世事千變萬化，
然而這艘船每次只載二千人。
這裡有著希望，
但僅在船頭和船尾之間。
你可以在有限的鋼琴上彈奏出你的歡欣快樂。
我習慣了這樣的生活。

陸地？
陸地對我來說是一艘太大的船，
太漂亮的女人，太長的旅程，
太濃烈的香水，無從著手的音樂。
我永遠無法走下這艘船。
這樣的話，我寧可捨棄我的生命。

畢竟，我從來沒有為任何人存在過，不是嗎？
————電影《海上鋼琴師》

堪布彭措朗加的願望就是不辜負宗薩仁波切對他的期望，
不遺餘力地將正確的佛法分享給全世界各地的有情眾生們。

雪域屋脊上的約定

　　二○○九年時，堪布陸續被邀請到其他的學院去指導，並且成爲塔公佛學院新分院的第一任客座堪布，後來因病去北京就醫，開始收了漢族弟子。堪布在養病的同時，也學習了中文與中文的佛教經典，並隨喜爲漢族弟子上課。聽到堪布開始收徒一事，我竟然感到些許不平衡，因爲這跟他之前的作風截然不同。

　　我問堪布：「當初我在學院時，請求您許多次，您爲何不收我爲徒呢？」堪布說：「因爲那邊有更多的大師，再怎麼輪也輪不到我吧？現在到了外地，因爲他們找不到其他師父來引他們進入佛門，所以我才勉爲其難收他們爲徒。」

　　我又問：「我知道您是有求必應的菩薩，雖然我沒正式皈依您，但是我當時已經在您面前發過誓了，無論如何，您已經是我的師父了。」每當堪布面對感性的話語時，總是不知道該怎麼接話。這讓我回想起第一次來宗薩時，我站在屋頂上和堪布交換念珠的約定……

洛熱老師與宗薩的善知識們奔波一生卻甘之如飴，
只為了讓大家都能過得安康快樂、傳承不斷。

　　學院的屋頂是我和堪布第一次約定的地方，當初我完全沒想到，我在學院裡上了堪布一學期的課，卻也是最後一次，並且見證了他退休的一刻。

　　屋頂對堪布的意義重大，這是他每天唯一可以輕鬆散步、運動的地方。每天中午飯後和傍晚辯經時段，他就喜歡這樣一個人在屋頂繞圈，看看外面人來人往的景色。我完全無法想像他能在這樣的屋頂上走了十二年，他看見的究竟是怎樣的風景呢？

　　不只是他，四十多歲的堪布彭措朗加在寺院與學院兩地走了二十多年，年近七十歲的洛熱老師也在整個麥宿地區走了五、六十年。西藏各地有無數位這樣無私奉獻的開拓者，他們不是走不出去，也不是不想出去，更非沒有理由地隨便走走，生命中的大山再怎樣難行，他們都走過來了。

他們的起點在當下，終點為菩提。
他們所轉的是西藏人千百年來的虔誠血脈之路，
反覆前進必經的地方是──佛陀之心。

這是我與堪布的第三
次與最後一次的約定，
不需要再有任何信物
與紙筆為證，

當時初次到布達拉宮
時所留下的疑問，答
案就在此刻當下。

宗薩學院每年最盛大的「薩千貢嘎寧波」紀念法會，
全校師生們持香圍著學院順時針而繞，
百姓們焚香供養諸佛菩薩，
以求正法常轉、世界安和。

原人：你好！

祝你生日快樂，我很想跟你一起過一次你的生日，
可是現在我們之間山水相隔無法相處，只能在這裡祝福你了，
願諸佛菩薩保佑你早日得到正法和最高成就，
用發自內心的菩提心和慈悲心，普渡所有在六道輪迴的眾生。

我的生日誰也不知道，包括我的父母在內，
所以我這一生不會過生日。
不過，我想我這一生要做的事，每年都比你少一件，就是過生日，
這不是件好事嗎？我這才知道我的父母親對我這麼好。

雖然他們已經不在了，但是他們對我做的事情，
對我來說還是不可缺少，我真不知道該怎樣感謝他們，
怎樣做才能夠報答他們的大恩大德？
原人，這些你想過沒有？

好啦，不說了。

2008 年 6 月 14 日　　　你的吉卡若堪布　才旦　合十

（我生日那天寫了封關於我生日感言的 E-mail 給堪布，隔日他回了此信。）

後記與感謝

關於西藏與印度之間的後吉卡若時代

在記錄西藏文化期間，我深怕流於閉門造車之過，盡可能與不同地區、不同年齡層的藏族朋友們交流。幾次下來，沒料到其他藏區的變化之大，遠超過我的預期。有位麥宿當地的藏族公務員朋友到了其他藏區工作，才發現原來西藏已經變了這麼多。他在給我的信中寫下了這段感想：

> 無數的仁波切開著名貴轎車，奔馳在「大圓滿」聖地的每個角落，活佛、堪布多半都是夏天才回來「避暑」，被人們冷漠了的活佛在寂靜裡瘋狂著，轎車後方的隨行者也騎著摩托車飛馳著，也許是像在追尋好轎車一樣速度，宮殿、別墅與好車，快取代了西藏的全部……

以上我只是引用其中的第一段，其他比較「重鹹」的敘述就此打住，深怕有人看了會拿來作文章。西藏到底變成什麼模樣了？有些如「活佛在寂靜裡瘋狂著」等不明暗喻，或許只有當地人才能知情。仔細一想，這也是為什麼當初我的師父要我直接去西藏尋師與學習的主因。因為在台灣，藏族師父們的身分是外來者，很難讓人見到他們私下最真實的一面，因此只有到他們土生土長的地方，才能比較確實的知道自己所追尋的師父，到底是位怎樣的人。

那麼，既然西藏變化得如此快速，如果去印度、尼泊爾，情況是否會好一些呢？我在寫作期間，剛好認識了幾位在印度留學的台灣年輕喇嘛，彼此分享交流印度與西藏的見聞與經驗，我們都發現，印藏兩地的西藏文化，可以說已經不盡相同了。在印度和尼泊爾的環境，生活相較之下比較現代化。所謂的現代化，並不是指生活上的軟硬體比較好，而是人民的食衣住行各方面都相當井然有序。現代化再加上受到漢傳佛教徒與歐美文化的影響，原本藏人血脈裡有的「草原野味」，應該會慢慢褪去。在藏區之外的喇嘛身上甚至會有股上流學術界的優雅尊貴感，但當他們有天回到傳統藏區時，除了喝不到星巴克咖啡，還得脫下內褲蹲在路邊和大家坦誠相見，邊如廁邊聊天，這些生活習慣所產生的現實差異，造成了漸行漸遠的尷尬問題，比起政治議題更為敏感。

上述我朋友所提及的西藏變遷憾事，或是在其他報刊雜誌裡常會刊登的各種政治、男女是非、教派鬥爭等等「吉卡若」之事，都是世界各地的宗教常會發生的人性問題。但是這並非佛教或任何宗教心靈修行的重點。就如我在書裡所提到的，宗薩寺與學院也有許多被科技文明所利誘的事，但是智者恆智，洛熱老師與堪布依然無私地為大家奉獻服務。生命中有許許多多的矛盾與難題，自己必須學著找到適當的出口。

關於我自己三十而「慄」的旅程

今年六月，我剛滿最熱血的黃金三十歲，又恰好即將出版生命中第一本個人著作，頗有小成就與紀念價值。這本書一開始並不是先整本寫好後，再行簽約出版。我當初以為只要把部落格裡的文章稍作分類整理後就能出版，再加上我本身擅長排版設計，學生時期也曾有多次協助編輯出版的經驗，因此預期應該只要花兩、三個月就能搞定。但是這次面對的是自己的第一本個人作品，壓力完全不同。

除了字數與篇幅的諸多出版限制之外，還同時因為這本書是以首次公開介紹宗薩寺的人事物為背景，背後有宗薩仁波切在國際上的聲望光環，因此壓力可不小，要一邊介紹西藏文化主題，一邊又要間接地介紹當地的人事物，縱橫主軸之間的平衡，相當難以拿捏。如此一來，內文刪了又改、一延再延，整整寫了一年，簡直跟「懷胎十月」一樣。為了這位「私生子」，我不甘心讓它流產，只好跟洛熱老師與宗薩學院堪布請了一年不務正業的「產假」。過程中對編輯既服從又心裡不太爽，感覺就像又當了一整年兵一樣耗費身心。

我常常很想半途而廢，逃回西藏去！編輯有次還在我的MSN上留言：「可憐的原人同學，在台灣比在藏地更辛苦～哈！」在西藏雖然要苦讀到晚上十二點才能睡覺，但是跟在台灣工作到半夜兩、三點還會失眠的情況相比，西藏式的生活煩惱，顯然比都市生活少太多了！

當這本書快寫好時，諸如此類庸人自擾與名利欲望之事，皆一一湧現：「原人，你要幫我簽名喔！」「何時有簽書會或座談會呢？」「你要不要再出一本XX書？」我還多次擔心這本書會賣不好，一直想請大人物或知

名活佛幫我推薦……總之，從一年前簽約到出版前夕累積了無盡的煩惱，潛藏在我身上的一些壞習慣、負面情緒與自私觀念都不斷地從心口裡竄出來，但是至今回想起來，就佛法修行角度而言，原來我在西藏這些年來根本沒有修到什麼。歸咎到底，還是我這隻小妖怪的修行不夠，得再回去好好重新修一修。

致誠感謝

　　回想起我小的時候，因為沒考上家鄉的私立明星中學，爸爸事後這樣安慰我：「寧可在小校當王，也不要在大校當老鼠！總會有最適合你發展的地方，要在最需要你的地方發揮影響力。」對宗薩寺的堪布們與洛熱老師而言，他們的實力都足以到更好的地方享受更優渥的待遇。但是無論如何，他們最終都選擇了最需要幫助的地方來服務，讓更多人能有圓夢的機會。

　　除了感謝父母、親朋好友、我心中敬重的喇嘛仁波切們，以及與本書相關的宗薩師友們之外，由於這次要特別感謝的人都太過謙虛，他們都再三請求我不可以把他們的名字寫進書裡，不過我還是盡量暗示一下：

　　雪媽、柯輔導長、陳姐與諾布師兄、原動力黃老闆、自稱是我在中國唯一親友的學長姐、懇慧師與阿泰、台中賴老師、阿龍與美多、櫻芳與八樓、何如何來的父母、台灣第一位格西、洪媽、一休大師與基隆阿忠、印度天津，Cangioli Che，還有很多「喇嘛百寶箱」的網友們。

　　此外，洛熱老師與降用彭措也特別交待我在書中幫他們感謝以下單位與大德們：

　　第三世宗薩欽哲仁波切、欽哲基金會（Khyentse Foundation）、中國四川省德格縣人民政府、章扎基金會（Tsadra

252

Foundation）、雪謙冉江仁波切（Sechen Rabjam Rinpoche）、阿貢活佛的援助組織（Dharna Arya Dr.Akong Tulku Rinpoche）、頂果欽哲基金會（Dilgo Khyentse Foundation）、馬修・李卡德（Ven. Matthiew Ricard）、溫洛克國際基金會（Winrock International）德國米蘇爾社會發展基金會（Germen Misereor Foundation）、世界銀行（World Bank）、亞洲基金會（Heart of Asia）、北京中恒控制工程有限公司（Beijing Zhongheng Control Factory Limited Company）等等。

雖然我在書裡曾提到西藏人們「樂在無名」的精神，但請原諒我仍舊自相矛盾且俗套地列出這些功德名單。洛熱老師認為這一切並非只有堪布活佛們與他自己的功勞，他深怕大家誤會了，如果沒有這些菩薩大德們的贊助，宗薩寺便無法順利地重建與發展（當然也不會有這本書的誕生）。此外，也要一併感謝所有曾經幫助過、正在幫助與即將要幫助西藏各地的朋友們，得以讓西藏有更多的美好可以分享給世人。

關於我自己對未來的期許，我想學李連杰常在電影殺青時所說的名言：「這可能是我人生最後一部作品了。」什麼？這本才第一本耶？哎……人生無常，誰也不知道未來會如何，特別是對正值三十歲的我而言，出版此書並非我去西藏學習的背後意圖，面對重要的人生三十歲之際，我還是十分心虛與憂心。總之，我真正想要送大家的並不是這本書，而是我想繼續在西藏挖寶、奉獻分享給大家的心意。

最後，我想為大家獻上我師父久美堪布所教的《睡前祈禱文》，當我心中迷惘時，總是會用這段願文來提振自我的正知與信念，願大家都能順心如意：

　　　　　加持我的心可以如法；
　　　　加持如法的心可以行於解脫道上；
　　　　加持平息所有解脫道路上的虛幻；
　　　　加持所有的虛幻轉為究竟的智慧。

眾生系列 JP0054

幸福的雪域宅男：我的西藏原味生活

作者‧攝影／原 人
資深編輯／劉芸蓁
行　　銷／劉順眾、顏宏紋、李君宜

總 編 輯／張嘉芳
出　　版／橡樹林文化
　　　　　城邦文化事業股份有限公司
　　　　　台北市民生東路二段 141 號 5 樓
　　　　　電話：(02)25007696　傳真：(02)25001951
發　　行／英屬蓋曼群島家庭傳媒股份有限公司城邦分公司
　　　　　台北市民生東路二段 141 號 2 樓
　　　　　書虫客服服務專線：(02)25007718；(02)25007719
　　　　　24 小時傳真專線：(02)25001990；(02)25001991
　　　　　服務時間：週一至週五上午 09:30-12:00；下午 1:30-17:00
　　　　　劃撥帳號：19863813；戶名：書虫股份有限公司
　　　　　讀者服務信箱：service@readingclub.com.tw
　　　　　城邦讀書花園網址：ww.cite.com.tw
香港發行所／城邦（香港）出版集團有限公司
　　　　　香港灣仔駱克道 193 號東超商業中心 1 樓
　　　　　電話：(852)25086231　傳真：(852)25789337
　　　　　E-mail：hkcite@biznetvigator.com
馬新發行所／城邦（馬新）出版集團【Cite (M) Sdn Bhd】
　　　　　41, Jalan Radin Anum, Bandar Baru Sri Petaling,
　　　　　57000 Kuala Lumpur, Malaysia.
　　　　　電話：(603) 90578822　　傳真：(603) 90576622
　　　　　E-mail：cite@cite.com.my

版面構成／原人
封面設計／原人
印　　刷／中原造像股份有限公司

初版一刷／2010 年 8 月
初版四刷／2013 年 8 月
ISBN／978-986-12-0220-4
定價／350 元

城邦讀書花園
www.cite.com.tw

國家圖書館出版品預行編目資料

幸福的雪域宅男：我的西藏原味生活 / 原人著.攝影.
-- 初版 .—臺北市：橡樹林文化，城邦文化出版：
家庭傳媒城邦分公司發行 , 2010. 08
面 ； 公分 . -- （眾生系列；JP0054）
ISBN 978-986-12-0220-4（平裝）

1. 遊記 2. 文化 3. 西藏

676.669   99013385